CLEF

DE LA

PRONONCIATION

DES IDIOMES DE L'ALGÉRIE

Paris. — Typographie de Firmin Didot frères, rue Jacob, 56.

CLEF

DE LA

PRONONCIATION

DES IDIOMES DE L'ALGÉRIE

OU

COURS ÉLÉMENTAIRE

de lecture arabe

A l'usage des Colléges, des Écoles du gouvernement, et des personnes qui veulent apprendre à lire sans maîtres

PAR

M. BLED DE BRAINE

EX-DIRECTEUR DES ÉCOLES ARABES D'ALGER PROFESSEUR DE LANGUE ARABE

LIBRAIRIE DE L. HACHETTE ET CIE

LIBRAIRES DE L'UNIVERSITÉ ROYALE DE FRANCE

A PARIS	A ALGER
RUE PIERRE-SARRAZIN, 12	RUE DE LA MARINE, 117
(Quartier de l'École de Médecine)	(Librairie Centrale de la Méditerranée)

1848

INTRODUCTION.

L'utilité de la langue arabe n'est plus une question : tous les peuples de l'Europe l'étudient; les Français la regardent comme nationale.

Les résultats obtenus par mon mode d'enseignement sont trop prompts et trop bien connus pour m'étendre sur les avantages de la *Clef de la prononciation des idiomes de l'Algérie;* je sais que c'est avec raison que le public, trop souvent trompé par des phrases sonores, qu'aucun résultat ne confirme, ne s'en rapporte pas toujours aux préfaces, et je l'en félicite. J'en appelle aux gens sensés qu'aucun préjugé n'aveugle, aux amis de l'art *didactique;* c'est la meilleure préface que je puisse leur donner.

Application de la méthode à une classe d'élèves.

Le professeur a devant lui un nombre de cartes numérotées, correspondant au nombre des élèves qui suivent le cours : واحد (*ouahède*) un; زوج (*zoudje*) deux, ou اثنين (*ète-nine*) deux, dans les nombres composés; ثلاثة (*tla-ta* ou *tsaltsa*) trois; اربعة (*èr-bâ*) quatre; خمسة (*chrème-sa*) cinq; ستة (*setta*) six; سبعة (*sè-bâ*) sept; ثمانية (*tèmania*) huit; تسعة (*tèsâ*) neuf; عشرة (*achra*) dix; احداش (*èhhdache*) onze; اثناش (*ètenache*) douze; ثلاثاش (*tla-tache, tsla-tsache* ou *tal-tache*) treize; اربعتاش (*èrbatache*) quatorze; خمستاش (*chrèmstache*) quinze; ستاش (*settache*) seize; سبعتاش (*sebatache*) dix-sept; ثمانتاش (*temantache*) dix-huit; تسعتاش (*tesatache*) dix-neuf; عشرين (*âchrine*) vingt; واحد و عشرين (*ouahhède ou âchrine*) vingt-et-un; اثنين و عشرين (*ète-nine ou âchrine*) vingt-deux; ثلاثة و عشرين (*tlata ou âchrine*) vingt-trois, etc.; ثلاثين (*tlatine*) trente; واحد و ثلاثين (*ouahhed ou tlatine*) trente-et-un; اثنين و ثلاثين (*etenine ou tlatine*) trente-deux ; ثــلاثـــة و ثــلاثيــن (*tlata ou tlatine*) trente-trois, etc. ; اربعيــن (*èrbâïne*) quarante ; خمسيــن (*chrèmesine*) cinquante ; ستين (*settine*) soixante ; سبعين (*sebâïne*) soixante-dix ; ثمانين (*temanine*) quatre-vingts ; تسعين (*tesaïne*) quatre-vingt-dix ; مية (*mia*) cent ; مية و واحد (*miate ou ouahhed*) cent un, etc. ; ميتين (*mitine*) deux cents ; ميتين و واحد (*mitine ou ouahhed*) deux cent un, etc. ; ثلاثة مية (*tlata mia*) trois cents, etc.

Les élèves nomment les lettres, lisent, traduisent à mesure qu'ils entendent appeler leurs numéros. Il est nécessaire de mêler ces cartes chaque fois que tous les élèves ont été interrogés, afin que, les numéros ne se suivant pas dans un ordre régulier, ils soient toujours dans l'attente de s'entendre appeler. De cette manière l'attention se soutient, chacun se prépare à répondre et profite autant que s'il avait effectivement répondu.

Le professeur écrit les huit premiers mots du premier texte arabe sur le tableau noir (1er, 2e et 3e exerc., pag. 29, 31 et 32) النمس و الدجاج سمع النمس بالّى الدجاج مرضوا.

Le professeur prend la carte numérotée اربعة ; l'élève appelé par ce numéro répond, en arabe : هنا (*hna*) *ici*, pour *présent*, ou حاضر (*hhadèr*) présent ; ماشى هنا (*ma chi hna*) *ne pas ici*, pour *absent*, ou مفقود (*mèfquoude*) *absent ;* on se sert aussi de غايب (*rhaïbe*) et de غير حاضر (*rhire hhadher*) *moins présent* pour le mot *absent*.

Le professeur. — Comment nommez-vous les lettres arabes du premier mot de cette version (النمس) ?

L'élève, après avoir consulté le tableau alphabétique par rapport aux numéros qui surmontent ce mot (pag. 2 et 3, et p. 29, *a*), et avoir reconnu le nom des lettres arabes et leur transcription française, qui se trouvent dans la 2e et la 4e colonne, répond :

1 *alif*, a ; 15 *lame*, l ; 17 *noune*, n ; 16 *mime*, m ; 24 *sine*, s (sans nommer les numéros).

Le professeur appelle un autre élève en disant ستّة.

Comment nommez-vous les lettres arabes du premier mot de cette version (النمس) ?

L'él. — *alif*, a ; *lame*, l ; *noune*, n ; *mime*, m ; *sine*, s.

Le professeur appelle un autre élève en disant اثناش.

Le professeur aura soin de demander le nom arabe et la transcription française de la 1re et de la 2e lettre; de la 1re, 2e et 3e lettre; de la 1re, 2e, 3e et 4e lettre; et enfin de la 1re, 2e, 3e, 4e et 5e lettre :

L'Él. — *alif*, a; *lame*, l. — *alif*, a; *lame*, l; *noune*, n. — *alif*, a; *lame*, l; *noune*, n; *mime*, m. — *alif*, a; *lame*, l; *noune*, n; *mime*, m; *sine*, s.

Le professeur fera répéter ce dernier exercice jusqu'à ce que les lettres arabes, la transcription française et le mot à mot soient imperturbablement sus. Il aura soin d'appeler le numéro d'un nouvel élève à chaque exercice.

Le prof. — ثمانية. Comment se prononce l'ا de l'article? ou quelle est la règle du N° 5 (f)?

L'Él. — L'ا se prononce *é* dans la composition de l'article, etc. (page 6).

Le prof. — عشرة. Comment se prononce le ل de l'article (39, 40, 41)? ou quelle est la règle du N° 40 (f)?

L'Él. — Lorsque le ل de l'article est suivi d'une des lettres solaires suivantes, etc. (page 12).

Le prof. — أربعة و عشرين. Quelle est la règle du N° 46 (f)?

L'Él. — Le ن se prononce comme notre *n*, etc. (page 13).

Le prof. — أربعتاش. Quelle est la règle du N° 60 (f)?

L'Él. — Le ش se prononce comme *ch* dans le mot *cheval*, etc. (pag. 15).

Le prof. — ستاش. Rétablissez la transcription française des lettres arabes du mot النمس (g, h).

L'Él. — *ènenèmse*.

Le prof. — ثلاثة. Divisez ce mot par syllabes.

L'Él. — *ène-nèmse* (V. l'exercice sur l'application de ce mot, page 30).

Le prof. — تسعة. Lisez. — L'Él. النمس.

Le prof. — ثلاثين. Traduisez. — L'Él. — Le furet.

Le professeur expliquera toutes les règles contenues dans l'*application* de chaque exercice. Il passera aux autres mots en se conformant entièrement à ce que j'ai dit sur le premier mot النمس, mais en ayant soin de nommer les lettres arabes, la transcription française des lettres arabes, lire, faire la traduction en mot à mot du premier et du second mot ; quand il sera au troisième mot, il fera encore nommer les lettres arabes, la transcription française, lire et traduire en mot à mot le premier, le second et le troisième mot, et ainsi de suite.

Quand l'élève sera arrivé au sixième mot, le professeur fera disparaître le premier mot الشمس du tableau noir, le deuxième, quand il aura expliqué le septième, et ainsi de suite jusqu'à la fin de la version. Les élèves répèteront par cœur tout ce qui a été dit sur les mots qui auront disparu du *tableau noir.*

J'invite les élèves à se bien pénétrer des conseils que je leur donne, et à se bien rendre compte d'un exercice avant de passer à un autre; toutes les difficultés disparaîtront et leurs progrès seront mieux assurés. Si, au contraire, ils persistent à aller en avant sans bien savoir ce qui précède, les difficultés iront toujours en augmentant, et loin d'apprendre plus vite, ce ne sera qu'avec beaucoup plus de travail, de peine et de temps qu'ils obtiendront les résultats qu'ils sont en droit d'attendre. En suivant mon système, les élèves liront, expliqueront toutes les règles de la lecture, écriront avec autant de facilité qu'en français, et expliqueront toutes les règles de la syntaxe arabe à la quinzième leçon. (V. la *Clef des Idiomes arabes de l'Algérie.*)

Je me garderai bien de réclamer l'indulgence des lecteurs. Je soumets au contraire cet ouvrage au jugement des personnes instruites, et je recevrai avec reconnaissance les observations qui pourraient contribuer à l'améliorer.

Le travail que je livre à la publicité n'a rien d'attrayant, sans doute. Le lecteur jugera combien il a exigé de temps, de recherches et surtout de patience; combien il a présenté de difficultés. Mais ces obstacles ne m'ont point rebuté. Le vif intérêt que je prends au progrès de la langue arabe et la certitude d'être utile à ceux qui enseignent et à mes compatriotes, ont soutenu mon courage. Puissé-je avoir atteint le but vers lequel ces motifs m'ont dirigé !

Paris, le 1er Janvier 1848.

BLED DE BRAINE.

CLEF

DE

LA PRONONCIATION

DES IDIOMES DE L'ALGÉRIE.

ALPHABET ARABE.

Chiffres français.	NOM et Prononciation des lettres arabes.		Chiffres arabes.	VALEUR des lettres arabes en lettres françaises.	Genre des lettres.	FORME DES LETTRES.			
						Finales.	Médiales.	Initiales.	Isolées.
1	alif.	الف	١	a.		ـا		ا	ا
2	ba.	با	٢	b.	*m.*	ـب	ـبـ	بـ	ب
3	ta *ou* tsa.	تا	٣	t *et* ts.	*f.*	ـت	ـتـ	تـ	ت
4	tsa *ou* ta.	ثا	٤	ts *et* t.	*f.*	ـث	ـثـ	ثـ	ث
5	djime.	جيم	٥	dj.	*m.*	ـج	ـجـ	جـ	ج
6	hha.	حا	٦	h (hh).	*f.*	ـح	ـحـ	حـ	ح
7	chra.	خا	٧	chr.	*f.*	ـخ	ـخـ	خـ	خ
8	dal.	دال	٨	d.	*m.*	ـد	ـد	د	د
9	dzal.	ذال	٩	d *et* dz.	*f.*	ـذ	ـذ	ذ	ذ
10	ra.	را	١٠	r.	*f.*	ـر	ـر	ر	ر
11	zine.	زين	١١	z.	*f.*	ـز	ـز	ز	ز
12	tha.	طا	١٢	t (th).	*f.*	ـط	ـطـ	طـ	ط
13	dha.	ظا	١٣	d (dh).	*f.*	ـظ	ـظـ	ظـ	ظ
14	kèf.	كاف	١٤	k.	*m.*	ـك	ـكـ	كـ	ك
15	lame.	لام	١٥	l.	*f.*	ـل	ـلـ	لـ	ل

ALPHABET ARABE.

Chiffres français.	NOM et Prononciation des lettres arabes.		Chiffres arabes.	VALEUR des lettres arabes en lettres françaises.	Genre des lettres.	FORME DES LETTRES. Finales.	Médiales.	Initiales.	Isolées.
16	mime.	ميم	١٦	m.	*f.*	ـم	ـمـ	مـ	م
17	noune.	نون	١٧	n.	*f.*	ـن	ـنـ	نـ	ن
18	ssade.	صاد	١٨	s (ss).	*f.*	ـص	ـصـ	صـ	ص
19	dhade.	ضاد	١٩	d (dh).	*f.*	ـض	ـضـ	ضـ	ض
20	aïne.	عين	٢٠	â, eu.		ـع	ـعـ	عـ	ع
21	rhaïne.	غين	٢١	rh.	*f.*	ـغ	ـغـ	غـ	غ
22	fa.	ڢا	٢٢	f.	*f.*	ـف, ـڢ	ـفـ, ـڢـ	فـ, ڢـ	ف, ڢ
23	quâf.	ڧاف	٢٣	q.	*f.*	ـق, ـڧ	ـقـ, ـڧـ	قـ, ڧـ	ق, ڧ
24	sine.	سين	٢٤	s.	*f.*	ـس	ـسـ	سـ	س
25	chine.	شين	٢٥	ch.	*f.*	ـش	ـشـ	شـ	ش
26	hé.	ها	٢٦	h, ou, a.	*f.*	ـة, ـه	ـهـ, ـهـ	هـ	ة, ه, ة, ه
27	ouaou.	واو	٢٧	ou, aou.		ـو	ـو	و	و
28	ia.	يا	٢٨	i, a.		ـي, ـى	ـيـ	يـ	ي, ى
29	lame-alif.	لام الف	٢٩	la.		ـلا	ـلا	لا	لا, ﻻ

TRANSCRIPTIONS

ADOPTÉES PAR DIVERS AUTEURS.

	Delaporte.	R. de Bussy.	Bresnier.	C. de Perceval.
ا	a.	a *et* e.	a, ê, i, o, â.	«
ب	b.	b.	b.	b.
ت	t *et* ts.	t.	t *et* s.	t.
ث	tç, t *et* ts.	ts.	t, ts-th *anglais*.	ç *ou* t.
ج	dj.	dj.	dj.	dj.
ح	hh.	h.	h′ (*).	hh.
خ	kh.	kh.	kh-ch *allemand*.	kh.
د	d.	d.	d	d.
ذ	dz *et* d.	dz.	d, δ *grec*.	z *ou* d.
ر	r.	r.	r.	r.
ز	z.	z.	z.	z.
ط	th.	th.	t′.	th.
ظ	dh.	th.	d′.	zh *ou* dh.
ك	k.	k.	k.	c *ou* qu.
ل	l.	l.	l.	l.
م	m.	m.	m.	m.
ن	n.	n.	n.	n.
ص	ss.	ç.	s′.	ss.
ض	dh.	dh.	d′.	dh.
ع	â.	â, eû.	′a, ′o, ′eu.	»
غ	gh.	gr.	r *grasséyé*.	gh, rh.
ف	f.	f.	f.	f.
ق	q.	q.	k, g.	k.
س	s.	s.	s *dur*.	s, ç.
ش	ch.	ch.	ch *français*.	ch.
ه	h.	h.	h *très-sensible*.	h.
و	ou *et* oua.	ou.	ou, w *anglais*.	w, ou.
ي	i.	i.	i, y *sans points*.	y.
لا	l.-a.	l.-a.	l.-a.	l.-a.

(*) Les lettres accompagnées du signe (′) représentent des articulations étrangères à la langue française.

CLEF

DE

LA PRONONCIATION

DES IDIOMES DE L'ALGÉRIE.

PREMIÈRE PARTIE.

DE L'ALPHABET.

I. DES LETTRES ET DE LEUR PRONONCIATION.

1. La langue arabe a vingt-neuf lettres : vingt-six consonnes et trois voyelles.

Les consonnes sont :

ب ت ث ج ح خ د ذ ر ز ط ظ ك ل م ن
ص ض ع غ ڢ ڧ س ش ه لا

Les voyelles sont : ا و ي

Chacune de ces lettres a une figure un peu différente, selon qu'elle est isolée ou placée au commencement, au milieu ou à la fin des mots ; car elles sont presque toutes susceptibles de se lier avec la lettre qui les précède ou avec celle qui les suit.

2. Le tableau alphabétique ci-dessus indique ces variations, ainsi que le nom et la valeur de chaque lettre.

3. Les Arabes écrivent de droite à gauche et commencent leurs livres où finissent les nôtres.

4. L'ا (*alif*) a le son de l'*a* français; ex. : قال (*qual*), il a dit ساعة (*sa-â*), heure.

5. L'ا se prononce *è* dans la composition de l'article, lorsqu'il est préfixe à l'impératif et lorsqu'il est initial d'un mot pluriel; ex. : ال (*èl*), le, la, les; اكتب (*èk-tèbe*), écris; اعداد (*è-a-dade*), nombres, pl. de عدد. L'ا initial des dérivés a généralement le son de l'*a* très-faible, c'est-à-dire le son entre l'*a* et l'*è* grave.

6. L'ا, précédé des lettres gutturales ou emphatiques, se prononce comme un *a* ouvert; ex. : بغال (*be-rhâl*), mulets; افضال (*èf-dhal*), bienfaits.

7. L'ا final ne se prononce pas quand il est précédé de و, lettre indiquant, avec cet ا, le pluriel des verbes; ex. : شافوا (*châ-fou*), ils *ou* elles ont vu; حبّوا (*hheub-bou*), ils *ou* elles ont voulu *ou* aimé. Cet ا s'appelle *muet* ou *quiescent*.

8. L'ا se prononce tour à tour أ (*a*), إ (*i*), أُ (*ou*).

9. Si un ا surmonté du point-voyelle فتحة (*fèt-hha*), َ (*a* bref), est suivi d'un و surmonté d'un جزم (جزمة) (*djez-me*, *djez-ma*), ْ ْ, ces deux lettres forment une diphthongue; ex. : أوْ (*aou*); prononcez *au*, *ou*.

10. En Égypte, on prononce l'ا indifféremment *â* ou *è*, lorsqu'il est surmonté d'un فتحة (َ); à Alep et dans presque toute la Syrie, on lui donne la valeur d'*ô*.

ب (*b*), lettre masculine.

11. Le ب (*ba*) se prononce comme notre *b*; ex. : بابا (*ba-ba*), père; باب (*ba-be*), porte; ضرب (*dhrobe*), il a frappé.

12. Les Arabes n'ont point de *p* ni de *v* dans leur langue; ils ont coutume de rendre le *p* par un ب (*b*), ou پ (*p*) des Turcs; ex. : باريز (*ba-ri-ze*), ou پاريز (*pa-ri-ze*), Paris; et le *v* par le ب (*b*) ou le و; ex. : ويكتور (*ou-ik-tour*), Victor; سيبيل (*si-bi-le*), civil.

ث (*t* ou *ts*), lettre féminine.

13. Le ث (*ta* ou *tsa*) se prononce *t* ou *ts*; ex. : تُوت (*tou-te* ou *tsou-te*), mûre; أنْتَ (*ène-ta* ou *ène-tsa*).

14. Remarque. Nous préférons la première de ces deux prononciations; cependant l'élève doit s'exercer sur l'une comme sur l'autre. Dans l'appellation des lettres, le ث aura toujours ces deux dénominations, afin de le distinguer du ط (*tha*) qui a à peu près la même prononciation, surtout pour l'élève qui commence à étudier l'arabe.

15. Si le ث, comme toutes les autres lettres féminines, est suivi d'une lettre ayant sa correspondante française *féminine*, on le prononce en faisant entendre un *è* grave, dont le son, en se confondant avec la lettre suivante, approche beaucoup de celui de la diphthongue *eu* dans le mot *feu* (نار *nar*); ex. : التَرجمة (*et-tèr-djé-ma*, ou *et-teur-djé-ma*), la version, ou la traduction.

16. Le ث, affixe verbal, se prononce *te* (syllabe muette) lorsque cette lettre termine la 1re personne des deux genres et la 2e personne du masculin du prétérit, et *ète*, si le ث est final de la 3e personne du féminin singulier; ex. : عرفت (*ar-fte*), j'ai su, des deux genres, de عرف; عرفت (*ar-fte*), tu as su, 2e pers. masc.; عرفت (*ar-fète*), elle a su.

17. Si cependant ce ث est précédé de la voyelle ا, ou même lorsque ces deux lettres ا ou ي sont élidées, il se prononce *te* (syllabe muette) à la 3e personne du féminin singulier du prétérit; ex. : جاءت (*dja-te*), elle est venue, de جاء (*dja*), il est venu; غزت (*rhè-zate*), elle a assiégé, de غزا (*rhè-za*), il a assiégé; رضت (*reda-te, rda-te*), elle a consenti, de رضى (*reda*), il a consenti.

ث (*ts* ou *t*), lettre féminine.

18. La prononciation du ث (*tsa* ou *ta*) est absolument semblable à celle du ت; ex.: ثعلب (*tsa-lèbe* ou *ta-lèbe*), renard; ثلاثة (*tslet-sa* ou *tlè-ta*), trois.

ج (*dj*), lettre féminine.

19. Le ج (*djime*) correspond à *dj;* ex. : جيش (*dji-che*), armée, عسكر, محلّة, حرب ; رجل (*rè-djèl*), homme.

20. Le ج, étant composé de deux lettres masculines *d* et *j* (*j* pour *g*), ne peut être précédé ni suivi de *è* ou *eu;* la prononciation du ج dans الترجمة (15) doit se lier avec le م (*mime,* m) sans avoir besoin de l'*é* aigu, qui se fait à peine sentir; ex. : الترجمة (*èt-teur-djé-ma*), en ayant soin de prononcer l'*m* comme en français. Il en est de même des autres lettres masculines. Les deux lettres, dont l'une est initiale et l'autre finale, du mot رجل, exigent les deux *è* graves, qui précèdent et suivent la lettre ج.

21. La plupart des Égyptiens et les Arabes du désert le prononcent comme notre *g* dans le mot *gourmand;* ex. : جبل (*gué-bèl*), montagne, au lieu de *djé-bèl.*

22. Le چ, souligné par trois points, représente *tch.*

ح (*hh*), lettre féminine.

23. Le ح (*hha*) sonne comme notre *h* aspirée, mais plus fortement que dans *hameau* (دوار *douar*); ex. : حاجة (*hha-dja*), chose; حفّاف (*hhèf-faf*), barbier; واحد (*ou-a-hhède*), un; مليح (*ème-lihh*, *ème-lèhh* et *mlèhh*), bien, bon, etc., en prononçant très-rapidement la syllabe *ème.*

خ (*chr*), lettre féminine.

24. Le son du خ (*chra*), qui ne peut se peindre que par les lettres françaises *chr*, serait absolument inconnu dans notre langue, si les personnes qui grasseyent n'articulaient nettement ce son en prononçant les mots qui contiennent ces lettres *chr*; ex. : خيامة (*chri-a-ma*), cuisine, cheminée. En m'éloignant de la transcription adoptée par tous les auteurs, il me semble pourtant que j'ai suivi celle de la raison et de la logique; c'est la seule qui convienne aux caractères de l'alphabet français. La vieille routine prétend qu'il est impossible de rendre en français le son du خ; je suis entièrement de cet avis, si l'on s'obstine à rendre ce son par la transcription des lettres *kh* ou *kr*, lettres qu'on ne trouve réunies dans *aucun mot* de la langue française. Pourquoi ne pas rendre le خ par les lettres *chr* ou même *cr?* Ces lettres entrent dans la composition de la première syllabe des mots *chr*estomathie, *chr*étien, *chr*istianisme, *chr*omate, *chr*onique, *chr*ysalide, *cr*acher, *cr*édit, *cr*i, *cr*ochet, *cr*udité, *cr*ypte, etc., etc. Les lettres *ch*, suivies d'une *r*, ont toujours le son dur du *c*. La première syllabe du mot *chr*étien se prononce absolument de la même manière que la première syllabe du mot *cr*édit. Le خ, lettre initiale de خدم (*chrè-dème*), il a travaillé, prononcé comme la première syllabe des mots *chr*étien, *cr*édit, donne, en grasseyant fortement et en faisant entendre une légère aspiration, la véritable prononciation de cette lettre. Le mot خسيس (*chrè-sise*) a une identité de transcription parfaite et irréfragable avec le mot *crasseux* (avare), son dérivé. Enfin, si tous les auteurs s'accordent à dire que la transcription du خ est le *ch* allemand, pourquoi le rendre ensuite par *kh* ou *kr*, transcriptions qui n'ont aucune similitude? L'inconséquence est par trop manifeste, pour que j'insiste davantage sur la transcription que j'ai adoptée. Les Espagnols le rendent par le *jota*, dont le son correspond parfaitement au son des lettres *chr*. A Malte, et même souvent en Barbarie, on confond le خ avec le ح.

د (*d*), lettre masculine.

25. Le د (*dal*) correspond à notre *d;* ex. : دار, plur. ديار (*dar, di-ar*), maison ; دواب (*doua-be*), bêtes, animaux.

ذ (*d*), lettre féminine.

26. Le ذ (*dzal*) se prononce en arabe vulgaire comme notre *d;* en arabe ponctué, *dz ;* ex. : ذهب (*deu-heube*), or, métal ; ذيال (*di-al*), appartenant à...

27. Le ذ se prononce comme le ز (*zine*) ; ex. : الذي (*èl-lèdi* ou *èl-lè-zi*).

ر (*r*), lettre féminine.

28. Le ر (*ra*) répond à notre *r ;* ex. : رفد (*refeude, rfeude*), il a porté.

ز (*z*), lettre féminine.

29. Le ز (*zine*) sonne comme notre *z ;* ex. : زايلة (*za-i-la*), mule ; زمان (*ze-mane*), temps.

J'ai ajouté un *e* muet à la fin du nom des lettres arabes *zine, lame, mime, noune,* etc., attendu que ces consonnes finales ont toujours un son nasal, excepté pourtant à la fin des noms propres ; ex. : *lame* d'épée, d'eau, et non *lam ; rame* de bateau, de papier, et non *ram ; crime,* et non *crim ; décime,* et non *décim.* La transcription de la dix-huitième et de la dix-neuvième lettre de l'alphabet doit être *ssade, dhade*, et non *ssad, dhad.* Il n'en peut être de même des transcriptions terminées par *f, l ;* ces lettres n'ont pas besoin d'être suivies d'un *e* muet, puisque, seules, elles forment une syllabe féminine ; ex. : *bref, vif,* etc., *miel, spirituel,* etc. كف (*kèf*), *k,* etc.

ط (*th*), lettre féminine.

30. Le ط (*tha*) sonne comme le *t,* mais plus fortement que ت ; ex. : طاقة (*tha-qua*), fenêtre ; طرد (*the-reude, threude*), il a combattu ; طبجي (*theube-dji* ou *thobe-dji*), canonnier.

ظ (*dh*), lettre féminine.

31. Le ظ (*dha*) se prononce comme le ذ (26), *d* en arabe vulgaire, et *dz* en arabe ponctué; ex. : ظهر (*dheheur, dheur*), il a paru ; midi ; dos ; ظلام (*dhe-lame*), obscurité.

32. Les Barbaresques prononcent encore le ظ comme le ط (*th*); ex. : ظريف (*thrif*), au lieu de *dhrif*, gracieux. La prononciation du *d* est préférable à celle du *t*.

ك (*k*), lettre masculine.

33. Le ك (*kèf*) se prononce comme le *k*; ex. : كلام (*ké-lame*), discours, parole ; كبير, pl. كبار (*ké-bir, ké-bar*), grand, grands, notables. Le ك est plus faible que le ق.

34. Les lettres ك et ق doivent se prononcer *kèf* et *quâf*, et non *kaf* et *qaf*, afin de les distinguer dans l'épellation comme dans la dictée; ensuite, il y a identité parfaite dans la prononciation des deux mots *kaf* et *quaf*. La transcription *quâf* doit être peinte *quâf*, et non *qaf*, attendu que la lettre *q* est *toujours* suivie d'un *u*, excepté à la fin des deux mots suivants: cin*q* et co*q*. D'après ce principe, la transcription du mot قادر (*qua-dèr*) dans عبد القادر (*Abd el-Qua-dèr*), doit se peindre *Qua-dèr* et non *Ka-dèr*; ensuite, tous les auteurs rendent le ك par le *k*, et le ق par le *q*.

35. Dans quelques mots, surtout si ce sont des mots tirés du turc, beaucoup de personnes donnent au ك l'articulation du *g* dur; ex. : كزدر (*guèze-deur*), promener.

36. Les Barbaresques prononcent aussi le ك, surmonté de trois points ڭ, comme *g* dans plusieurs mots, particulièrement dans des mots empruntés aux langues italienne et espagnole; ex. : ڭانة (*ga-na*), aussi ; ڭاربو, pl. ڭاربويات (*gar-fou, gar-fou-i-a-te*), fourchette.

37. Les Bédouins d'Orient donnent au ك la prononciation

du *c* italien devant un *e* ou un *i*, que l'on peut indiquer en français par *tch*. Ainsi, ils prononcent à peu près كلب (*tchè-lebe* au lieu de *ké-lèbe*), chien.

38. Il est d'un usage presque général, en Syrie, de faire entendre un *i* après le ك dans le mot كان, il a été, que l'on prononce *kiane*, au lieu de *kane*.

ل (*l*), lettre féminine.

39. Le ل (*lame*) se prononce comme notre *l*; ex. : لعب (*lâbe*), jeu, il a joué.

40. Lorsque le ل de l'article est suivi d'une des lettres solaires (شمسيّة) suivantes : ت ث د ذ ر ز س ش ص ض ط ظ ل ن, il se prononce comme cette lettre; ex. : الرعد (*èr-râde*), et non *èl-râde*, le tonnerre; الدواية (*ed-dou-a-i-a*), et non *el-dou-a-i-a*, l'encrier.

41. Le ل de l'article conserve la prononciation de l'*l*, suivi des autres lettres nommées lunaires (قمريّة); ex. : المراة (*èl-me-ra*), et non *ème-me-ra*, femme; العود (*èl-â-oude*), et non *éa-a-oude*, le cheval.

42. Le ل, signe du datif (à, pour), conserve son son naturel *l*, excepté devant les pronoms affixes ها (*ha*), elle; نا (*na*), nous; كم (*kou-me*), vous; هم (*hou-me*), eux, elles, où il se prononce لِ (*li*); ex. : لها (*li-ha*), à elle; لنا (*li-na*), à nous; لكم (*li-kou-me*), à vous; لهم (*li-houme*), à eux ou à elles.

م (*m*), lettre féminine.

43. Le م (*mime*) correspond à notre *m*; ex. : مونات الطراد (*mou-na-te èthe-thra-de*), munitions de guerre; مكحلة (*meuk-hheu-la*), fusil; pl. مكاحل (*meuk-hha-hhèl*), fusils.

44. Le م initial se prononce, par euphonie, *ème*, lorsqu'une voyelle ou le son d'une voyelle se trouve après la consonne qui le suit; ex. : مشى (*ème-cha*), il est allé.

45. La prononciation de cette lettre suit la règle générale si, étant initiale, une voyelle ou le son d'une voyelle ne se trouve qu'après la deuxième lettre qui suit le م ; ex. : مبروك (*mè-brouke* ou *meu-brouke*), heureux.

ن (*n*), lettre féminine.

46. Le ن (*noune*) se prononce comme notre *n*; ex. : نبي (*nè-bi*), prophète.

47. Le ن initial d'un mot autre qu'un verbe se prononce vivement *ène*, par euphonie, lorsqu'il est suivi d'une lettre ayant sa correspondante française du genre féminin ; ex. : نساء (*ène-sa, ne-sa*), femme, pl. نسوان (*ène-sou-ane, ne-sou-à-ne*), femmes.

ص (*ss*), lettre féminine.

48. Le ص (*ssade*) a la valeur de l'*s*, mais il sonne plus fortement que le س (*sine*) ; ex. : صار (*ssa-re* ou *ça-re*), il est devenu ; صعيب (*ssâ-i-be*), difficile.

ض (*dh*), lettre féminine.

49. Le ض (*dhade*) a la valeur de notre *d*, mais il se prononce plus fortement et avec beaucoup d'emphase ; ex. : ضرب (*dhro-be*), il a frappé.

ع (*â*).

50. La prononciation du ع (*aïne*) est celle de *â* guttural et tient le milieu entre *â* et *eu*; ex. : أقعد (*è-queude*), assieds-toi ; عيش (*â-i-che*), nourriture, pain.

51. Cette lettre, qui n'est, à proprement parler, qu'un accent qui fait prononcer d'une manière gutturale le point-voyelle dont il est surmonté, est considérée comme voyelle en arabe vulgaire.

52. L'ع, précédé d'une voyelle, se prononce *eu* (presque *e* muet) ; ex. : جوع (*djou-eu, djou-e*), appétit.

غ (*rh*), lettre féminine.

53. Le son du غ (*rhaïne*), qui ne peut se peindre par des lettres françaises, serait absolument inconnu dans notre langue, si les personnes qui grasseyent en prononçant la lettre *r*, n'articulaient nettement ce son; ex. : *rire* (ضحك *dheu-hhèk*); غير (*rhi-re*), moins. Le mot français *rire* et le mot arabe غير se prononcent l'un comme l'autre.

ڢ (*f*), lettre féminine.

54. Le ڢ (*fa*) se prononce absolument comme notre *f;* ex. : ڢرسان (*feur-sa-ne*), cavalerie; ڢيل (*fil*), éléphant.

55. Le ڢ se peint de deux manières : ڢ et ف. Si le ق (*quâf*) reçoit deux points, le ف en a un au-dessus ف (*fa*); s'il n'en reçoit qu'un, le ڢ en a un au-dessous ڢ (*fa*). Nous suivrons ce dernier système, qui est celui dont se servent les habitants des possessions françaises dans le nord de l'Afrique.

56. Le ڢ représente aussi le *v* (12).

ڧ (*q*), lettre féminine.

57. Le ڧ (*quâf*) a le son du *q ;* il se prononce fortement et un peu du gosier ; ex. : ڧمجة (*queu-mè-dja*), chemise; ڧوة (*quou-a*), force.

58. Les Barbaresques prononcent le ڧ comme notre *g*, placé devant *a, o, u ;* ex. : ڧال (*gal*); et non *qual*. Lorsque le ڧ a la prononciation du *g*, les Bédouins mettent souvent trois points dessus ڨ.

59. Le ڧ se peint de deux manières : ڧ et ق. Les Arabes de l'Orient, ainsi que les Persans et les Turcs, emploient le ق surmonté de deux points; mais, dans le nord de l'Afrique, on a coutume de ne placer qu'un seul point sur cette lettre (55).

س (*s*), lettre féminine.

60. Le س (*sine*) a le même son que notre *s* dans le mot *savoir*; ex. : سافر (*sa-feur*), voyageur; سنجاق (*sène-dja-que*), pavillon, drapeau; pl. سناجق (*sè-na-djeu-que*), pavillons, drapeaux.

ش (*ch*), lettre féminine.

61. Le ش (*chine*) se prononce comme le *ch* dans le mot *cheval*; ex. : شمس (*chèmese*), soleil; شادي (*cha-di*), singe. Les lettres *ch* provenant du ش, suivies d'un *r*, conserveront la prononciation qu'elles ont dans le mot *cheval*; ex. : شرب (*chreube*), il a bu, et non *creu-be*.

62. Le ڜ représente چ, *tch*; ex. : ڜوالق (*tchou-a-lèque*), haillons, guenilles.

ه (*h*), lettre féminine.

63. Le ه (*hé*) a quatre prononciations différentes. Lorsqu'il appartient à la racine (radical), il est masculin et répond à notre *h*; ex. : هنا (*hè-na*), ici; الوجه (*èl-oudj-ha*), la figure. Cette lettre est une aspiration un peu plus forte que notre *h*.

64. Le ه, employé comme pronom affixe de la 3e personne du masculin singulier, correspond à la diphthongue *ou*, précédée d'une consonne, et à l'aspiration de la lettre *h*, précédée d'une voyelle; ex. : وجهه (*oudj-hou*), sa figure; نعطيه له (*ná-thi-h* ou *na-thi-he lou*), je le lui donnerai. Nous nommons cette lettre ه (*hé*) masculin.

65. En Barbarie, le ة ة ة ـة, surmonté de deux points, se prononce *a*; ex. : مرجة (*meur-dja*), marais. Nous nommons cette lettre ة (*hé*) féminin.

66. Dans les dialectes d'Orient, le ة féminin se prononce généralement *è*; ex. : طزّينة (*thèz-zi-nè*), douzaine.

67. Le ة féminin se prononce *ète* ou *ate*, suivi d'un mot précédé de l'article ال, ou quand ce mot sert de complément à celui auquel le ة féminin appartient; ex. : حيلة النسا (*hhi-lète ène-ne-sa*), ruse des femmes; مدينة بغداد (*ème-di-nète brhè-da-de*), ville de Bagdad; الترجمة الاولانية (*ète-teur-djé-ma-te èl-a-ou-la-ni-a*), première version *ou* version première.

68. Le ة féminin, qui se change en ت (*ta* ou *tsa*), lorsqu'il est accompagné d'un pronom affixe ou d'une forme quelconque, se nomme *ta merboutha* ت مربوطة, c'est-à-dire *ta* lié.

69. Le ة féminin se prononce quelquefois *ts;* ex. : اعطيته لك (*a-thi-tou lèk* ou *a-thi-tsou lèk*), je te l'ai donné.

و (*ou*).

70. Le و (*ouaou*) se prononce *ou;* ex. : يوم (*i-ou-me*), jour.

71. Le و se prononce *oua* dans le pronom isolé هو (*hou-a*), lui, il est, et lorsque le و est initial et suivi d'une lettre arabe ayant sa correspondante française du genre féminin; ex. : وحيشة (*oua-hhi-cha*), bête féroce.

ى, ي (*i*, *a*).

72. Le ى ou ي (*i-a*), se prononce *a* et *i* : *a* à la fin des mots primitifs, et, dans ce cas, il ne prend pas les deux points; le ي avec les deux points se prononce *i* au commencement, au milieu des mots, et à la fin de ceux qui ne sont pas primitifs; ex. : يعطي (*i-a-thi*), il donnera, il donne; اعطى (*aâ-tha*), il a donné; اعطي (*aâ-thi*), donne, *impér.;* اعطيني (*aâ-thi-ni*), donne-moi; على (*â-la*), sur; عليك (*â-li-ke*), sur toi. Le ى, pronom personnel préfixe de la 3e personne du masculin, se prononce quelquefois *iè* et *ieu;* ex. : يتكلم (*iè-te-kel-lème* et *ieute-kel-lème*), il parlera; يغرق (*ieurh-reuque*), il se noie.

73. Comme il est très-facile de reconnaître le ى qui se prononce *i*, les Arabes omettent souvent les deux points; ex. : نعطى, au lieu de نعطي (*nâ-thi*), je donnerai.

74. Le ي qui reçoit le ّ *tèchdide* ou redoublement (يّ) se prononce *i-a ;* ex. : عليّ (*â-li-i-a*), sur moi.

لا

75. Ce groupe, qui est nommé *lame-alif* (لا), à cause de la réunion du ل et de l'ا, se prononce *la;* ex. : الاولانية (*èl-a-ou-la-ni-a*), la première.

II. DIVISION DES LETTRES.

76. Les lettres arabes se divisent en plusieurs classes, selon leur prononciation, leur genre, leur force, leur emploi et leur compatibilité.

77. Les lettres sont solaires ou lunaires; nous l'avons déjà dit (40, 41).

78. Pour avoir le son qui doit accompagner les lettres arabes, il est absolument nécessaire de connaître le genre de leurs correspondantes françaises. Les lettres de l'alphabet français sont masculines ou féminines; masculines, si, en les prononçant, le son final fait entendre un *é* aigu; ex. : *b*, bé; *c*, cé; *d*, dé; *t*, té, etc. Dans le cas contraire, la lettre est du genre féminin (ancienne appellation), excepté les deux lettres *j* et *k*, qui ont beaucoup d'affinité avec les lettres *g* et *c*.

79. Les lettres qui ont des équivalentes masculines font entendre, avant ou après ces lettres, le son *é* aigu; ex. : كلام (*ké-la-me*), mot, discours; بكلمة (*bé-kel-ma*), avec mot.

80. Les lettres dont la prononciation donne pour terminaison une syllabe féminine sont du genre féminin; nous donnons aussi le genre féminin aux lettres *q*, *x*, *z*, dont la terminaison, à l'exception de la lettre *q*, a tant d'analogie avec la syllabe finale des lettres féminines. Les lettres françaises doubles représentant une seule lettre arabe sont du genre féminin.

D'après la nouvelle appellation, toutes les lettres sont masculines : *b*, be (beu); *f*, fe; *m*, me, etc.

81. Les lettres arabes qui ont des équivalentes féminines font entendre, avant ou après ces lettres, et quelquefois avant et après, selon qu'elles se trouvent au commencement ou au milieu des mots, le son *è* ou *eu*. Si les mots de trois lettres sont des verbes, le son-voyelle se fait entendre avant la dernière lettre du radical ; ex. : شرب (*chreu-be*), il a bu.

82. Si les mots de trois lettres sont des noms verbaux, le son-voyelle se fait entendre après la première lettre du radical ; ex. : شُرب (*cheur-be*), boisson.

83. Quel que soit le genre de la lettre qui précède le son *eu*, ce son *eu* approche celui d'un *â* faible, s'il se trouve après une lettre masculine gutturale ou emphatique, suivie de deux consonnes féminines, ou entre deux consonnes féminines, suivies d'une lettre masculine ; ex. : دغل (*deurhl, darhl*), haine ; ضرب (*dheur-be, dhar-be*), coup ; قلب (*queul-be, qual-be*), cœur.

84. Si le mot n'est composé que de deux lettres, la première est suivie du son *è* ou *eu* ; ex. : رَدّ (*reud-de*), il a rendu ; حبّ (*hheub-be*), il a voulu *ou* aimé.

85. Cette dernière règle s'applique aux mots qui, étant composés de plus de trois lettres, n'ont une voyelle, ou la prononciation d'une voyelle obtenue naturellement, qu'après la troisième lettre ; ex. : مبروك (*mè-brou-ke* ou *meu-brou-ke*), béni.

86. Par rapport à leur prononciation, les lettres se divisent en gutturales, c'est-à-dire en lettres qui se prononcent par le seul ministère du gosier ; ce sont les suivantes : ا ح خ ع غ ﻫ.

87. En labiales, c'est-à-dire se prononçant par le seul mouvement des lèvres ; telles sont : ب و م ڥ.

88. En palatales, c'est-à-dire qui se prononcent en approchant du palais le milieu de la langue ; ce sont : ج ق ك ی.

89. En dentales, celles qui se prononcent par l'application de la langue sur les dents, ou supérieures, comme ظ ذ ث ; ou inférieures, comme ن ل ط د ت.

90. Enfin en linguales, c'est-à-dire, qui se prononcent par les seuls mouvements de la langue; telles sont ض ص ش س ز ر.

91. Par rapport à leur force, on les divise en lettres *infirmes, faibles* ou *débiles* (حروف علّة). Ces lettres, dont la prononciation varie, peuvent se placer les unes pour les autres, et quelquefois même disparaître entièrement; ce sont ى و ا. (*Voir la Clef des idiomes de l'Algérie.*)

92. On donne au reste le nom de *lettres fortes*, parce qu'elles ne sont point sujettes à ces métamorphoses.

III. DES POINTS-VOYELLES.

93. Les Arabes ont trois points-voyelles qu'ils mettent au-dessus et au-dessous des lettres, afin de les prononcer. En voici le tableau :

NOM.		FIGURE.	VALEUR.	APPLICATION.
فَتْحَة et فَتْح ou نَصْبَة	*fèthha,* ou *nèssba,*	َ	.... *a, é, è,*	Au-dessus de la lettre. دَ *da* et *dè*. Plus généralement *a*.
كَسْرَة et كَسْر ou خَفْضَة	*kèsra,* ou *chrèfdha,*	ِ	.... *i, é, è,*	Au-dessous. دِ *di, dé, dè*. Plus généralement *i*.
ضَمَّة et ضَمّ ou رَفْعَة	*dheumma* ou *refaa.*	ُ	.... *ou, o,*	Au-dessus de la lettre. دُ *dou, do*. Plus généralement *ou*.

94. Le فتحة (*fèt-hha*) ´ se place toujours au-dessus des lettres, et leur donne le son de *a, é, è*. Le son le plus général de ce signe est *a*. Ce même signe, qui se nomme aussi نصبة, indique des inflexions finales et désigne l'*accusatif*.

95. Le كسرة (*kèsra*) ֽ se place toujours au-dessous des lettres, et leur donne le son de *i, é, è*. Le son le plus général de ce signe est *i*. Ce même signe, qui se nomme encore خفضة, indique des inflexions finales, et désigne le *génitif* et le *datif*.

96. Le ضمّة (*dheumma*) ʼ se place toujours au-dessus des lettres, et leur donne le son de *ou, o*. Le son le plus général de ce signe est *ou*. Ce même signe, qui se nomme encore رفعة, indique des inflexions finales, et désigne le *nominatif*.

97. Ces trois points-voyelles, que l'on rencontre fort rarement dans l'écriture usuelle, sont quelquefois redoublés à la fin des mots; alors ils se nomment تنوين (*tènou-i-ne*), c'est-à-dire *nunnations*, et se prononcent ً *ane*; ٍ *ine*; ٌ *oune*. Ces trois points-voyelles se nomment تنوين النصب ; تنوين الخفض ; تنوين الرفع. Ces signes sont également fort rares dans l'écriture usuelle. Ils indiquent dans l'arabe littéral les cas des noms et adjectifs, les personnes et les modes des verbes, et constituent la différence théorique principale qui existe entre l'arabe littéral (ponctué) et l'arabe vulgaire (non ponctué).

98. Ces trois voyelles ´ ֽ ʼ, placées sur des consonnes suivies de ا, و, ى, de brèves qu'elles étaient, deviennent longues; ex. : كتاب (*ké-tâbe*), livre; جميل (*djé-mîle*), beau; قلوب (*que-loûbe*), cœurs. Nous avons aussi remarqué que, lorsqu'on les met sur le ع (*aïne*), elles acquièrent une prononciation gutturale. Voici une phrase où la plupart de ces règles se trouvent comprises :

خَلَقَ ٱللّٰهُ ٱلْعَالَمْ وَكُلَّمَا فِيهْ وَهُوَ لَا خَلَقْ مِنْ أَحَدْ

chra-la-qua allah èl-aa-lème oua koul-lè-ma fih, oua houa la chroulique mine ahhade), « Dieu a créé le monde et tout ce qu'il renferme, mais lui-même n'a été créé par rien. »

IV. DES SIGNES ORTHOGRAPHIQUES.

99. Le تَشْدِيد ou شَدَّة (*tech-dide* ou *ched-da*) ـّ signifie *duplication*, et sert à redoubler la lettre sur laquelle il est placé; ex.: عَرَّف (*âr-reuf*), il a fait connaître *ou* savoir, 2e forme de عرف (*â-reuf*), il a connu *ou* su. Il n'y a que sur l'ا que le ّ (تشديد) ne se place point. Chez les Arabes occidentaux, on le peint de cette manière ^ ou ˅.

100. Le هَمْزَة (*hame-za*) ء se place au-dessus ou au-dessous de l'ا, d'après les voyelles dont il est affecté. Il marque que l'ا ne fait point fonction de voyelle longue, mais qu'il doit se prononcer comme une espèce d'hiatus ou de ع (*aïne*) très-faible; ex.: أرض (*ârdhe*), terre; إلى (*é-la*, mieux *i-la*), vers.

101. Le هَمْزَة se place encore sur le و (*ouaou*) et le ى (*ïa*), lorsqu'ils tiennent la place d'un ا, et leur donne cette même prononciation; ceci est surtout sensible pour le و (*ouaou*) dans les pluriels, tels que رُؤُوس (*rou-ousse*), têtes; رَئِيس (*rè-ï-sse*), capitaine de vaisseau. Dans ce cas, le ي ou ي s'écrit sans points; ex.: ؤ et ئ.

102. Le هَمْزَة seul peut aussi tenir lieu d'un ا (*alif*) et se prononce comme cette lettre; ex.: يسئل pour يسأل (*i-ssale*), il demande *ou* il demandera.

103. Le جَزْم ou جَزْمَة, سُكُون ou واكف (*djezme*, *djèzma*, *sou-koune* et *ou-a-kèf*) ـْ °, c'est-à-dire retranchement *ou* repos, indique que la lettre sur laquelle il est placé ne doit pas avoir de point-voyelle, qu'elle fait partie de la syllabe précédente, et que par conséquent elle doit se prononcer comme étant suivie d'un *e* muet; ex. : رَجُل (*radjoul*), homme; ضَرَبَ (*dha-rabe*), il a frappé; ضَرْب (*dheur-be*), coups.

104. Le مَدَّة (*mèd-da*) ˜, c'est-à-dire *extension*, se place sur l'ا et le rend doublement long. C'est avec raison qu'on peut le nommer le تشديد (ّ) de l'ا; ex. : اَلسَّمَآء (*es-sèmâ*), le ciel.

105. Le وَصْلَة (*ou-ass-la*) ˜ indique que l'ا doit se retrancher dans la prononciation, et que la lettre dont il est suivi ne doit former qu'une syllabe avec la dernière consonne du mot précédent; ex. : قَلْبُ ٱلْمَلِكِ (*qualbe oul-ma-li-ki*), le cœur du roi, en arabe littéral; en arabe vulgaire : قَلْب ٱلْمْلِكْ (*quèlb èl-mlèke*).

V. DE LA LECTURE.

106. Les Arabes n'écrivent ordinairement que les consonnes, au-dessus ou au-dessous desquelles ils ne figurent les voyelles et les signes orthographiques dont je viens de parler que dans le *Quoran*, les manuscrits précieux, et dans les lettres importantes. De cette omission et de l'oubli des points *diacritiques* ou distinctifs, résulterait la plus grande difficulté pour la lecture de l'arabe, si le genre des lettres et la division des syllabes ne remplaçaient entièrement ces signes.

107. Les Arabes n'ont pas de ponctuation; ils se servent fréquemment des conjonctions ف et plus généralement و dans l'arabe vulgaire, *et*, *car*, *or*, etc. Cependant, pour indiquer la fin d'un sujet, et surtout pour séparer plusieurs membres de phrase qui riment entre eux, ils emploient quelquefois un gros point rouge ou un des signes suivants, qui peuvent varier au gré du copiste :

⊙ ❊ ؍؍ :: ⁘

108. Quant aux mots, comme ils ne laissent souvent entre eux que l'intervalle d'une lettre à l'autre, les consonnes majuscules ou prolongées en indiquent le commencement et la fin. Les lettres dites majuscules qui commencent les chapitres sont souvent en encre de couleurs différentes.

109. Les Arabes tutoient tout le monde ; ils n'emploient le pluriel que dans les lettres adressées à un prince ou à tout autre personnage élevé en dignité.

110. Ils emploient aussi quelquefois le pluriel au lieu du singulier.

VI. DES SYLLABES.

111. Les syllabes sont simples ou composées.

112. La syllabe simple est dépourvue de tout signe.

113. Les syllabes composées sont distinguées par le تشديد (*tèch-didè*) ّ, signe de redoublement ; le جزم (*djezme*) ْ ٥, signe de repos, ou indication de séparation ; et le تنوين (*tè-nou-i-ne*) ً, ou interposition de la lettre ن (*noune*) n.

114. Les mots dans la composition desquels il entre une des voyelles longues ا, و, ى, et même le ع, n'ont pas besoin d'explication : la division syllabique est la même qu'en français.

115. Les mots de trois consonnes, et même les mots de trois lettres qui contiennent une ou deux voyelles, ne forment généralement qu'une syllabe, lorsque la deuxième de ces consonnes n'est pas surmontée d'un تشديد ّ (*tèch-dide*) ; ex. : قلب (*quèl-be, qualb*), cœur.

116. Ils en forment deux, si elle porte ce signe ّ ; ex. : قلّب (*quèl-leube*), il visita.

117. Si le mot est un nom, le son *eu* ou *è* se place après la première radicale ; si le mot est verbe, il se place après la seconde. Après deux consonnes féminines, le son *eu* des verbes se prononce *o* ; ex. : نشرب (*ne-chrobe*), je boirai.

118. Les mots de quatre consonnes forment deux syllabes; ex. : لقمة (*leuque-ma*), bouchée; كلمة (*kèl-ma*), mot.

119. Les mots de cinq consonnes forment trois syllabes; ex. : جمجمة (*djème-djé-ma*), crâne; مشتمل (*meu-chète-meul*), consistant.

120. Une lettre ajoutée à un mot change la disposition des syllabes; ex. : ضرب (*dhreube*), il a frappé; ضربوا (*dheur-bou*), ils ont frappé; مكحلة (*mèke-hheu-la*), fusil; مكحلته (*mèke-hheul-tou*), son fusil.

121. Si les deux premières consonnes des mots de cinq lettres sont féminines, ces mots ne forment généralement que deux syllabes; ex. : مستريح (*mès-trèhh*), شِشمات (*chèche-mate*), lieux d'aisances.

122. S'il se trouve une voyelle longue dans les trois dernières lettres des mots composés de cinq lettres, ces mots ne contiennent généralement que deux syllabes; ex. : سنجاق (*sène-djague*), drapeau.

VII. DE L'ÉCRITURE.

123. Toutes les lettres arabes qui ont les quatre formes se lient ensemble; les six suivantes : ا, د, ذ, ر, ز, و, n'ont que deux formes, et ne peuvent être liées qu'aux précédentes, quand elles ne sont pas isolées; ex. : دار (*dar*), maison; كاس (*kas*), verre; دوني (*dou-ni*), mauvais; ذيالي (*di-a-li*), à moi, appartenant à moi; عرف (*ârf*), il a su; مدينة (*mè-dina*), ville.

124. Quand un mot est trop long pour finir avec la ligne, les Arabes n'en reportent jamais la moitié à l'autre ligne, comme nous le faisons, au moyen d'un trait d'union : ils écrivent au-dessus de la même ligne la partie excédante; هذا الشي ما يمكن (*hède* pour *hè-da*, *chi* pour *èch-chi*, *ma ième-kène*), « cette chose est impossible; » ou bien encore ils terminent la ligne par le mot qui précède celui qui ne pourrait entrer sans coupure dans la ligne, avec la dernière lettre, si elle se lie avec la précédente, ou bien ils portent les deux dernières lettres à la fin de la ligne, si l'avant-dernière ne se lie pas à la dernière; ex. :

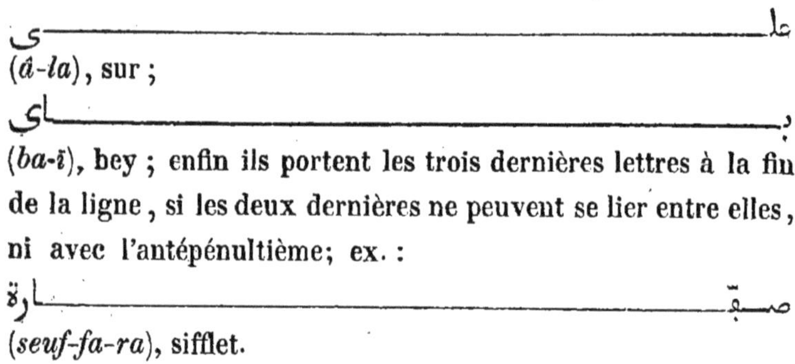

(*â-la*), sur ;

(*ba-ī*), bey ; enfin ils portent les trois dernières lettres à la fin de la ligne, si les deux dernières ne peuvent se lier entre elles, ni avec l'antépénultième; ex. :

(*seuf-fa-ra*), sifflet.

125. Les Arabes écrivent de droite à gauche, et placent leurs mots sur la même ligne; ex. : سلام عليك (*sè-la-me â-like*), je te salue. Mais les lettres ح خ ج placées au milieu des mots, élèvent au-dessus de la ligne celles qui leur sont jointes du côté droit; celles qui leur sont jointes du côté gauche suivent la ligne; ex. : تحويسة (*teu-hhou-i-ssa*), promenade, et non pas تحويسة; تجربة (*teu-djeur-ba*), expérience, et non pas تجربة; المخاطب (*èl-meu-chra-theube*), l'interlocuteur, et non pas المخاطب.

126. Les Arabes suppriment quelquefois dans leurs écrits les points diacritiques des lettres ف ب et ن, lorsqu'elles se trouvent à la fin d'un mot.

VIII. DE LA PERMUTATION DES LETTRES ا و ى.

127. Lorsque ا و ى sont en repos, c'est-à-dire, lorsqu'ils ne sont point marqués d'un accent vocal, ils gardent le son de *a*, *ou*, *i*; ex. : قال (*qual*), il a dit; صُورَة (*Soura*), Tyr, ville de Syrie; يَسِيرُ (*iè-ssir*), il devient. Dans ces trois exemples, ى و ا sont en repos et gardent leur son propre. Ces voyelles deviennent graves quand elles sont mues par des signes vocaux qui leur sont analogues; ا par un فتحة (´); و par un ضمّة (ُ); ى par un كسرة (ِ); ex.: أَمِينْ (*a-mine*), ferme, constant; دُوقَه (*dou-ka*), corruption; أَطَايِب (*a-ta-ībe*), les meilleurs. Ici les lettres ى وُ أ prennent les sons graves de *à*, *où*, *ì*, parce que les signes qui les affectent leur sont analogues. Mais lorsque ى و ا sont en repos, et que les voyelles qui les précèdent ne leur sont point analogues, ils deviennent variables; ex.: طَال (*tala*), il est devenu long, fait يَطُول (*iè-toul*), il devient long, parce que dans le premier cas ا était précédé d'un فتحة ('), dont le son lui est analogue, et que dans le second il est précédé du ضمّة (ُ), qui, lui étant contraire, l'oblige à se transformer en و. C'est ainsi que طَاب (*ta-ba*), il est devenu bon, fera يَطِيب (*iè-tibe*), il devient bon, parce que le كَسرة (,) du second mot, étant le son naturel du ى, force l'ا à se changer en ى. Cette règle est générale. Toutes les fois que ى و ا sont dépourvus de voyelles, ils se transforment en ا si c'est le فتحة (') qui les précède, en و si c'est le ضمّة, et en ى si c'est le كَسْرة (,). Il est vrai que, dans les verbes, le ى final reste souvent au lieu de l'ا; mais alors il en a le son et la valeur. On dit رَمَى (*ra-ma*), il a jeté, au lieu de رَمَا. Je ne m'étendrai point sur les règles de permutation des lettres ى و ا, parce que ces règles, dont la connaissance est nécessaire pour rechercher par quels procédés grammaticaux certains mots ont acquis la forme sous laquelle ils se présentent, sont du domaine de l'arabe littéral.

DEUXIÈME PARTIE.

OBSERVATIONS

RELATIVES AUX EXERCICES DE LECTURE.

---

a Les chiffres qui sont au-dessus des caractères du texte (*b*) se trouvent dans la 1re colonne du tableau alphabétique, et donnent le nom et la transcription française des lettres arabes qui sont à leur droite dans la 2e et la 4e colonne.

b Texte arabe.

c Lettres appartenant aux quatre catégories du tableau alphabétique : *isolées* (6e), *initiales* (7e), *médiales* (8e), *finales* (9e).

d Noms des lettres arabes : 2e colonne du tableau alphabétique.

e Valeur des lettres arabes en lettres françaises : 4e colonne du tableau alphabétique.

f Numéros indiquant les règles générales de la prononciation.

g Lettres provenant des exceptions données par les numéros indiquant les règles générales de la prononciation (*f*).

h Replacer les lettres françaises de la ligne (*e*) suivant la position française, en ayant soin de remplacer les sons alphabétiques (*e*) par des lettres provenant des exceptions aux règles de la prononciation.

i Mot à mot.

j Traduction française.

DEUXIÈME PARTIE.

EXERCICES DE LECTURE.

PREMIER EXERCICE.

128.

27	24	16	17	15	1	a
و	ـس	ـمـ	ـنـ	لـ	ا	b
و	س	ﻤ	ﻨ	ﻟ	أ	c
ouaou	*sine*	*mime*	*noune*	*lame*	*alif*	d
ou	*s*	*m*	*n*	*l*	*a*	e
70	60	43	46	40	5	f
				n	*è*	g
ou		*ène-nèmse*				h
et		le-furet				i

5	1	5	8	15	1	a
ج	ـا	جـ	ـد	لـ	ا	b
ج	ا	ﺟ	د	ﻟ	أ	c
djime	*alif*	*djime*	*dal*	*lame*	*alif*	d
dj	*a*	*dj*	*d*	*l*	*a*	e
19	4	19	25	40	5	f
				d	*è*	g
		ède-dé-djadje				h
		les-poules				i
		LE FURET ET LES POULES.				j

APPLICATION.

Les cinq caractères qui forment le mot النمس (3) contiennent deux mots : l'article inséparable أل (*èle*), le, la, les (5, 40), et le substantif نمس, furet.

L'أ (*alif*) (5, 40, 123) se prononçant *è* dans la composition de l'article, et le ل (*lame*), comme la lettre suivante, quand elle est solaire, c'est-à-dire ن (*noune*) n (46, 40), forment la syllabe *ène* (29), et non *èle*, comme devant les lettres lunaires (41).

Le ن (*noune*) (48), première lettre du mot نمس, qui est privé de voyelle, est du genre féminin (78, 80, 81, dentale 89), et est suivie de *è* ou *eu;* et comme il n'y a qu'une syllabe dans les mots de trois lettres (115), les deux dernières lettres, م (43) *m*, et س (60) *s*, se confondent en syllabes féminines, et se prononcent à peu près comme les deux premières lettres du mot *p*saume : *pse*, *mse* (29), *nè-mse*, نمس :

النمس

Le و se prononce *ou*.

النمس و

Les cinq caractères suivants, الدجاج, forment deux mots : l'article inséparable أل, le, la, les (5, 40), et le substantif دجاج (*dé-djadje*) (118), poules.

L'ا (*alif*) *a*, se prononçant *è* dans la composition de l'article (5, 123), et le ل (*lame*) *l*, comme la lettre suivante, quand elle est solaire, c'est-à-dire د (*dal*) *d* (40, 25), forment la syllabe *ède* (29), et non *èle*, comme devant les lettres lunaires (41).

Le د (*dal*) *d* (25), première lettre du mot دجاج, étant du genre masculin, est suivi de *é : dé* (78, 79, 118); comme il y a une voyelle dans les trois dernières lettres de دجاج : جاج

(114), ces trois lettres se prononcent en arabe comme on les prononce en français : *djadje* جاج (123) : *èd-dé-djadje*, *dé-djadje*, *djadje*, الدجاج, دجاج, جاج.

L'élève répète les mots déjà vus en arabe, en mot à mot et en français.

(108, 107, 106) النمس و الدجاج

DEUXIÈME EXERCICE.

28	15	2	24	16	17	15	1	20	16	24	(1) a
ـي	ـلّـ	بـ	ـس	ـمـ	ـنـ	لـ	ا	ـع	ـمـ	سـ	b
ي	لّ	بـ						ع	ـمـ	سـ	c
ïa	*lame*	*ba*						*aïne*	*mime*	*sine*	d
i	*l*	*b*						*á*	*m*	*s*	e
72	99	11						50	43	60	f
	ll										g
	belli								*semá*		h
	que.								a-entendu		i
Le furet, ayant appris que											j

APPLICATION.

Le س (*sine*) *s* (60), première lettre du mot سمع, étant du genre féminin, est suivi du son *è* ou *eu*, qu'on entend légèrement entre cette lettre س (*sine*) et la seconde م (*mime*) (43, 78, 80, 81, 90), c'est-à-dire que ces deux lettres se prononcent à peu près comme les deux premières lettres du mot *ps*aume, *sem*, *sm* ; l'ع (*aïne*) *á* (50), dernière lettre de ce mot, considéré comme voyelle (51, 114), réuni aux deux premières lettres, forme le mot et la syllabe *semá*, سمع, il a entendu (dire) (114, 115).

---

(1) Voyez les observations relatives aux exercices de lecture, page 28.

L'élève répète les mots déjà vus en arabe, en mot à mot, etc.

النمس و الدجاج سمع النمس

Le ب (*ba*) *b* (11), première lettre du mot بلّي ou بالّي (بالّي se prononce de la même manière que بلّي), est du genre masculin (78, 79, 87), puisque le *b* (ب) fait entendre un *é* aigu final quand on le prononce, et que l'ancienne appellation des lettres comme la nouvelle lui donne le genre masculin; en réunissant cet *é* aigu au premier des deux ل (*lame*) *l* qui suivent (99), on forme la syllabe *bel*, بل ; et le second ل (*lame*) *l*, produit par le ّ (*tèchdide*, 99), forme avec le ي final (72) la deuxième et dernière syllabe *li*, لي, qui, réunie à la première syllabe, forme le mot بلّي ou بالّي, *bel-li* (116), que.

L'élève répète, etc.

النمس و الدجاج سمع النمس بالّي

TROISIÈME EXERCICE.

24	2	15	1	27	19	10	16	5 1 5 8 15 1	a
لبس			ا	ضو		مر		الدجاج	b
س	ب	ل	ا	و	ض	ر	م		c
sine	*ba*	*lame*	*alif*	*ouaou*	*dhade*	*ra*	*mime*		d
s	*b*	*l*	*a*	*ou*	*dh*	*r*	*m*		e
60	11	39	7	70	49	28	43		f
			=						g
	lbèse				*mrèdhou*				h
	revêtit				tombèrent-malades				i
les poules étaient malades, se revêtit									j

APPLICATION.

Les cinq caractères du mot مرضوا ne forment qu'un seul mot

de deux syllabes ; les deux dernières indiquent la forme plurielle du verbe (7).

Lorsqu'un mot de trois lettres (verbe) a les deux premières lettres du genre féminin, ou même la première seulement, comme م (*mime*) *m* (43), et ر (*ra*) *r* (28), le son voyelle *è* ou *eu* ne se place qu'après la seconde radicale : *mrè*, مرَ (94, 117); si le mot était au singulier, il n'y aurait qu'à ajouter le ض (*dhade*) *dh* (49) pour avoir le mot (la racine) et la syllabe مرض (115) *mrèdhe*, il a été malade ; en ajoutant و (*ouaou*) *ou* (70) au mot primitif مرض (puisque l'ا (*alif*) *a* est élidé (7), on aura مرضوا (*mrèdou*), ils ont été malades.

L'élève répète par cœur tous les mots déjà vus en arabe, etc.

النمسُ و الدجاج سمع النمس بالّى الدجاج
مرضوا

Lorsqu'un mot de trois lettres (verbe) a les deux premières radicales du genre féminin, ou même la première seulement, comme ل (*lame*) *l* (39), et ب (*ba*) *b* (11), le son voyelle *è* ou *eu* ne se place qu'après la deuxième radicale (lettre) (78, 80, 81, 79) : *lbè*, لبَ (94) ; comme il ne peut y avoir qu'une syllabe, puisque le mot ne contient que trois lettres (115), la lettre finale س (*sine*) *s* (60) termine le mot et la syllabe en faisant entendre la syllabe féminine *se* : *lbèse*, لبس, a revêtu, *ou* il revêtit. L'*s* provenant du س (*sine*) *s* se prononce toujours comme l'*s* de *s*avoir, *s*ouvent, etc.

L'élève répète par cœur tous les mots, etc.

النمس و الدجاج ❋ سمع النمس بالّى ou بلّى
الدجاج مرضوا لبس

QUATRIÈME EXERCICE.

	24	27	1	12	8	15	5	a
و	س	و	طا		جلد			b
	س	و	ا	ط	د	ل	ج	c
	sine	*ouaou*	*alif*	*tha*	*dal*	*lame*	*djime*	d
	s	*ou*	*a*	*th*	*d*	*l*	*dj*	e
	60	70	4	30	25	39	19	f
								g
		thaouse				*lbèse*		h
			paon		(d'un) peau			i
d'une peau de paon et								j

APPLICATION.

Lorsque la première radicale d'un mot (nom) de trois lettres est masculine, comme ج (*djime*) *dj* (19, 20), le son voyelle *é* aigu se place après cette première lettre (78, 79) : *djé*, ج (94); les deux dernières radicales ل (*lame*) *l* (39), et د (*dal*) *d* (25), terminent le mot جلد en faisant entendre la syllabe féminine *lde : djélde*, جلد, peau. La lettre dentale inférieure ل (*lame*) *l*, donne pour ainsi dire le son de l'*è* grave au son voyelle provenant d'une lettre masculine : *djélde* ou *djèlde*, جلد.

L'élève écrit et répète par cœur tous les mots, etc.

النمس و الدجاج سمع النمس بلّى الدجاج
مرضوا لبس جلد

Les quatre caractères du mot طاوس, paon, forment deux syllabes de deux lettres chacune (114). La première lettre ط (*tha*) *th* (30), ajoutée à la seconde, ا (*alif*) *a* (4, 123), forme la première syllabe *tha*, طا ; le و (*ouaou*) *ou* (70), ajouté à la dernière radicale س (*sine*) *s* (60), forme la deuxième et dernière syllabe *ouse*, وس, qui, réunie à la première *tha*, طا, forme le mot طاوس (*thaous*), paon.

L'élève écrit et répète par cœur tous les mots, etc.

النمس و الدجاج ❋ سمع النمس بالّى الدجاج
مرضوا لبس جلد طاوس و

CINQUIÈME EXERCICE.

	16	26	10	27	11	28	1	5	a
❋	ـــم	هـــ	ر	و	ـــز	يـ	ـــاء	جـ	b
❋	م	ه	ر	و	ز	يـ	اء	ج	c
	mime	*hé*	*ra*	*ouaou*	*zine*	*ïa*	*alif*	*djime*	d
	m	*h*	*r*	*ou*	*z*	*i*	*a*	*dj*	e
107	43	64	28	70	29	72	4	19	f
		hou							g
			izourhoume				*dja*		h
			il-visitera-elles				vint		i
alla les visiter.									j

APPLICATION.

Le mot suivant جا ou جاء, il est venu, ne forme qu'une syllabe composée de deux lettres dont la première est un ج (*djime*) *dj* (19) et la seconde un ا (*alif*) ou un اء (*alif* suivi d'un *hemza*) (4, 100) : *djâ*, جا ou جاء.

L'élève répète par cœur tous les mots, etc.

النمس و الدجاج ❋ سمع النمس بلّى الدجاج
مرضوا لبس جلد طاوس و جاء

Le mot يزورهم, qui est composé de six lettres, forme trois syllabes (119). Le ى (*ïa*) *i* (72), pronom personnel préfixe, forme la première syllabe *i*, ى ; la deuxième syllabe est formée des trois lettres radicales ز, و, ر : *zour*, زور (pour زار, *zar*, il a visité) (29, 70, 28, 114), qui, réunie à la première syllabe, forme les deux premières syllabes *i-zour*, يزور, il visitera ; la troisième et dernière syllabe est formée des deux dernières lettres féminines (78) ه (*hé*) *h* (64) et م (*mime*) *m* (43) ; la première de ces deux lettres est suivie du son-voyelle *è* ou *eu* (81 et le م se prononce comme s'il terminait un mot latin : *heum* ou *heume*, هم, eux, elles. Les Barbaresques prononcent *houme* : *i-zour-houme*, يزورهم, il-visitera-elles, eux (107).

L'élève écrit et répète par cœur tous les mots déjà vus, etc.

النمس و الدجاج سمع النمس بلّى الدجاج
مرضوا لبس جلد طاوس و جاء يزورهم *

SIXIÈME EXERCICE.

16	29	24	15	1	16	26	15	15	1	23	a
مُ	لسـلا			ا	لهم			ل	فا		b
م	لا	س	ل	ا	م	ه	ل	ل	ا	ق	c
mime	*lame-alif*	*sine*	*lame*	*alif*	*mime*	*hé*	*lame*	*lame*	*alif*	*quaf*	d
m	*la*	*s*	*l*	*a*	*m*	*h*	*l*	*l*	*a*	*q*	e
43	75	60	40	5	43	63	42	39	5	47	f
			s	*è*			*li*				g
		ès-sèlamou				*lihoume*			*qual*		h
		le-salut				à-elles			il dit		i

« Je vous salue, leur dit-il, ... j

APPLICATION.

Le mot فال, il a dit, ne contenant que trois lettres, n'a qu'une syllabe (114) (57, 4, 39) : *qual*, فال, il a dit.

L'élève répète par cœur tous les mots déjà connus, etc.

النمس و الدجاج * سمع النمس بالّي الدجاج
مرضوا * لبس جلد طاوس و جاء يزورهم * فال

Le mot لهم contient deux mots formés de trois lettres dont la première, ل (*lame*) *l*, se prononce *li*, لِ (39, 95), et forme le premier mot et la première syllabe (42); les deux dernières lettres de لهم, ه (*hé*) *h* (64) et م (*mime*) *m* (43), se prononcent comme les deux dernières lettres du mot يزورهم ; en réunissant les deux syllabes, on aura *lihoume*, لهم, à elles, eux.

L'élève répète par cœur tous les mots déjà vus.

النمس و الدجاج * سمع النهس بلّي الدجاج
مرضوا * لبس جلد طاوس و جاء يـــزورهم *
فال لهم

Les cinq caractères suivants, السلامُ, contiennent deux mots : l'article inséparable ال, *èle*, le, la, les (5, 40), et le substantif سلامٌ, salut.

Les trois lettres qui suivent l'article ne formeraient qu'une syllabe (114) si la dernière radicale (lettre) م (*mime*) *m* (43) n'était surmontée du ضمّة (*dheumma*) ُ (96), avec lequel elle forme la dernière syllabe *mou*, مُ; le س (*sine*) *s* (60), étant féminin, fait entendre le son *è* ou *eu* (78, 80, 81, 90) : *sè*, سَ (94), auquel on ajoute le لا (*lame-alif*) *la* (75), qui, suivi de la dernière syllabe *mou*, مُ, donne le mot *èsse-sè-la-mou,* السلامُ, le salut. (Voy. le n° 4 de la *Clef des idiomes arabes d'Algérie.*)

L'élève écrit et répète par cœur tous les mots déjà vus, etc.

النمس و الدجاج سمع النمس بالّى الدجاج مرضوا لبس جلد طاوس و جاء يزورهم فال لهم السلامُ

SEPTIÈME EXERCICE.

1	28	16	14	28	15	20	a
يا		عليكم					b
ا	ي	م	ك	ي	ل	ع	c
alif	*ïa*	*mime*	*kèf*	*ïa*	*lame*	*aïne*	d
a	*i*	*m*	*k*	*i*	*l*	*á*	e
4	72	43	33	72	39	50	f
							g
ïa		*álikoume*					h
ô		sur-vous					i
« ô							j

APPLICATION.

Le mot عليكم est formé de la préposition على (*ala*), sur (72), et du pronom personnel affixe كم (*koume*), vous. Ces cinq caractères forment deux mots de quatre syllabes. L'ع (*aïne*) *á* (50) forme la première syllabe du mot على ; le ل (*lame*) *l* (39), lettre féminine (78, 80, 81), est suivi du son-voyelle *è* ou *eu* : *lè,* لَ (94), forme la deuxième syllabe; le ى, prononcé *á* à la racine (على, *ala,* sur), se prononce *i,* ي, lorsqu'il est accompagné de pronoms affixes; la troisième et dernière syllabe est formée du ك (*kèf*) *k* (33), suivi du son-voyelle *é* aigu (78, 79) et du م (*mime*) *m* (43), qui se prononce comme s'il était suivi de l'*e* muet, c'est-à-dire comme s'il terminait un mot latin (115) : *kéme* ou *kème*, كم, vous. Il est à remarquer que le son-voyelle suivi d'un م exige l'*è* grave. Les Barbaresques prononcent *koume* et non *kéme*, comme les Syriens et les Égyptiens; cette quatrième et dernière syllabe, ajoutée aux trois premières, forme le mot *á-lè-i-koume*, عليكم, sur-vous. Les Algériens prononcent *á-li-koume*.

L'élève écrit et répète par cœur, etc.

النمس و الدجاج سمع النمس بلّى الدجاج
مرضوا لبس جلد طاوس و جاء يزورهم قال
لهم السلامُ عليكم

Les deux lettres ى (*ïa*) *i* (72), et l'ا (*alif*) *a* (4), forment, d'après le son alphabétique de ces deux lettres, le mot et la syllabe *ïa*, يا, ô.

L'élève écrit et répète par cœur, etc.

النمس و الدجاج سمع النمس بالّى الدجاج
مرضوا لبس جلد طاوس و جاء يزورهم قال
لهم السلامُ عليكم يا

HUITIÈME EXERCICE.

28	3	1	2	28	2	6	1	a
تـــــى		حـبـيـبـا					ا	b
ى	ت	ا	ب	ي	ب	ح	ا	c
ïa	*ta* ou *tsa*	*alif*	*ba*	*ïa*	*ba*	*ha*	*alif*	d
i	*t*, *ts*	*a*	*b*	*i*	*b*	*hh*	*a*	e
72	14	4	11	72	11	23	5	f
							è	g

èhh-bi-ba-tsi ou *ti* — h

amies-miennes. — i

« mes amies. — j

APPLICATION.

Les huit caractères du groupe احبيباتى forment deux mots contenant quatre syllabes. La première syllabe se forme de l'ا (*alif*) *è* (5) et du ح (*ha*) *hh* (23) : *èhh*, اح ; le ب (*ba*) *b* (11), qui se joint à la voyelle longue ى (*ïa*) *i* (72), forme la deuxième syllabe *bi*, بى, mieux بيـ (114) (احبيـ) ; le ب (*ba*) *b* (11), quatrième lettre, et la voyelle longue ا (*alif*) *a* (4, 114), forme la troisième syllabe *ba*, با, mieux بـا (احبيبا) ; le ت (*ta* ou *tsa*) *t* ou *ts* (13, 14) et la voyelle longue ى (*ïa*) *i* (72, 114), forment la quatrième et dernière syllabe *ti* ou *tsi*, تى, qui, réunie aux trois premières syllabes, forme le mot *èhh-bi-ba-tsi* ou *èhh-bi-ba-ti*, احبيباتى, amies-miennes, de moi, mes amies.

L'élève écrit et répète par cœur tous les mots déjà connus en arabe, en mot à mot et en français.

النمس و الدجاج * سمع النمس بانّ الدجاج

مرضوا لبس جلد طاوس و جاء يزورهم ❋ فال
لهم السلامُ عليكم يا احبيباتى

NEUVIÈME EXERCICE.

	16	3	17	1	25	1	a
و	ـم	ـتـ	ـنـ	ا	ش	ا	b
	م	ت	ن	ا	ش	ا	c
	mime	*ta* ou *tsa*	*noune*	*alif*	*chine*	*alif*	d
	m	*t*, *ts*	*n*	*a*	*ch*	*a*	e
	43	14	46	5	61	4	f
				è			g
		ène-toume			*ache*		h
		vous			quoi		i
« Comment vous portez-vous ?							j

APPLICATION.

L'ا (*alif*) *a* (4) initial du mot اش, et le ش (*chine*) *ch* (61), forment le mot et la syllabe *ache*, اش, quoi *ou* quel.

L'élève écrit et répète par cœur, etc.

النهس و الدجاج سمع النهس بلّى الدجاج
مرضوا لبس جلد طاوس و جاء يزورهم فال لهم
السلامُ عليكم يا احبيباتى اش

L'ا (*alif*) *è* (5) initial du mot pluriel انتم, et le ن (*noune*) *n* (46, 114), forment la première syllabe *ène*, ان, mieux اِنْ ; le ت (*ta* ou *tsa*) *t* ou *ts* (13, 14), lettre féminine suivie du son-voyelle *è* ou *eu* (78, 80, 81), et le م (*mime*) *m* (46), forment la deuxième et dernière syllabe *teume*, تم, mieux تم, qui, réunie à la première syllabe, forme le mot *ène-teume*, انتم, vous. Les Algériens disent *ène-toume*.

L'élève écrit et répète par cœur, etc.

النمس و الدجاج سمع النمس بالّى الدجاج
مرضوا لبس جلد طاوس و جاء يزورهم قال لهم
السلامُ عليكم يا احبيباتى اش انتم و

DIXIÈME EXERCICE.

26	27	2	27	1	5	16	14	15	1	6	a
ه	بــو		و	جــا		لــكــم				اش حــا	b
ه	و	ب	و	ا	ج	م	ك	ل	ا	ح	c
hé	*ouaou*	*ba*	*ouaou*	*alif*	*djime*	*mime*	*kèf*	*lame*	*alif*	*ha*	d
h	*ou*	*b*	*ou*	*a*	*dj*	*m*	*k*	*l*	*a*	*hh*	e
64	70	11	70	4	19	43	33	39	4	23	f
											g
dja-ou-bou-h						*hhal-koume*					h
ont-répondu-lui						état-vôtre, de vous					i
« comment va votre santé ? » Elles lui répondirent :											j

APPLICATION.

Les cinq caractères du mot حالكم forment deux syllabes et contiennent deux mots : le substantif حال (*hhal*), état, santé, situation, disposition (temps), et le pronom affixe personnel كم (*koume*), vous. (Voy. عليكم.)

Le ح (*ha*) *hh* (23) et l'ا (*alif*) *a* (5) forment, avec le ل (*lame*) *l* (39), troisième et dernière radicale du mot حال, la première syllabe (114, 115), qui, réunie à la syllabe كم (*koume*), forme le mot حالكم.

L'élève écrit et répète par cœur, etc.

النمس و الدجاج * سمع النمس بلّى الدجاج
مرضوا * لبس جلد طاوس و جاء يزورهم * فال
لهم السلامُ عليكم يا احبيباتى اش انتم
واش حالكم *

Les six caractères du groupe جاوبوه forment quatre syllabes et contiennent deux mots : le verbe جاوبو (pour جاوبوا) (Voy. la *Clef des idiomes arabes d'Algérie*), elles-(ils) ont répondu, forme trois syllabes, et le ه, lui, forme la dernière syllabe.

Le ج (*djime*) *dj* (19) et l'ا (*alif*) *a* (4, 114) forment la première syllabe *dja*, جا ; le و (*ouaou*) *ou* (70) forme la deuxième *dja-ou*, جاو; le ب (*ba*) *b* (11) et le و (*ouaou*) *ou* (70) forment la troisième, *bou*, بو : *dja-ou-bou*, جاوبو ; le ه (*hé*) *h* (64) forme la quatrième et dernière syllabe, qui, réunie aux trois syllabes précédentes, forme le mot *dja-ou-bou-he* ou *dja-ou-bouh*, جاوبوه, ils-répondirent-lui (*pour* à lui).

L'élève écrit et répète par cœur, etc.

النمس و الدجاج سمع النمس بالّى الدجاج
مرضوا لبس جلد طاوس و جاء يزورهم فال لهم
السلامُ عليكم يا احبيباتى اش انتم واش
حالكم جاوبوه الدجاج

ONZIÈME EXERCICE.

1	16	1	9	26		a
ما		هذا			الدجاج يا	b
ا	م	ا	ذ	ه		c
alif	*mime*	*alif*	*dzal*	*hé*		d
a	*m*	*a*	*d*	*h*		e
4	43	4	26	63		f
						g
ma		*hè-da*				h
ne		celui-ci				i
« Nous ne						j

APPLICATION.

Contre la règle générale, le mot هذا forme deux syllabes (115).

La lettre féminine ه (*hé*) *h* (63), suivie du son-voyelle *è* ou *eu* (78, 80, 81), forme la première syllabe *hè*, هَ (63, 94); le ذ (*dzal*) *d* (26) et l'ا (*alif*) *a* (4) forment la deuxième et dernière syllabe *da*, ذا, qui, réunie à la première, forme le mot *hè-da*, هذا, ce, ces, cette, celui-ci, etc.

L'élève écrit et répète par cœur, etc.

النمس و الدجاج سمع النمس بلّى الدجاج
مرضوا لبس جلد طاوس و جاء يزورهم فال
لهم السلامُ عليكم يا احبيباتى اش انتم
و اش حالكم جاوبوه الدجاج يا هذا

Les deux caractères de ما forment un mot d'une syllabe.

Le م (*mime*) *m* (43) et l'ا (*alif*) *a* (4) forment le mot et la syllabe *ma*, ما, ne.

L'élève écrit et répète par cœur, etc.

النمس و الدجاج سمع النمس بالّى الدجاج مرضوا ❋ لبس جلد طاوس و جاء يزورهم ❋ قال لهم السلام عليكم يا احبيباتى اش انتم واش حالكم ❋ جاوبوه الدجاج يا هذا ما

DOUZIÈME EXERCICE.

10	28	7	2	1	27	17	27	14	17	a
بخير				ا	نـو		نكو			b
ر	ي	خ	ب	ا	و	ن	و	ك	ن	c
ra	*ïa*	*chra*	*ba*	*alif*	*ouaou*	*noune*	*ouaou*	*kèf*	*noune*	d
r	*i*	*chr*	*b*	»	*ou*	*n*	*ou*	*k*	*n*	e
28	72	24	11	7	70	46	70	33	46	f
				»						g
be-chrire						*ne-kou-nou*				h
avec-bien						nous-serons				i
« nous porterons bien										j

APPLICATION.

Les six caractères de نكونوا ne forment qu'un seul mot ayant trois syllabes.

Le ن (*noune*) *n* (46), lettre féminine (78, 80, 81), avec le son-voyelle *è* ou *eu*, dont il est accompagné, forme la première syllabe *ne*, نْ, je, nous (103).

Le ك (*kèf*) *k* (33) et le و (*ouaou*) *ou* (70, 114) forment la deuxième syllabe *kou*, كو (نكو); le ن (*noune*) *n* (46), le و (*ouaou*) *ou* (70) et l'ا (*alif*) *a* (7) forment la troisième et dernière syllabe *nou*, نوا. Ces trois syllabes réunies forment le mot *ne-kou-nou*, نكونوا, nous-serons.

L'élève écrit et répète par cœur, etc.

النمس و الدجاج سمع النمس بلّى الدجاج
مرضوا لبس جلد طاوس و جاء يزورهم قال
لهم السلامُ عليكم يا احبيباتى اش انتم واش
حالكم جاوبوه الدجاج يا هذا ما نكونوا

Les quatre caractères de بخير forment deux mots de deux syllabes.

Le ب (*ba*) *b* (11) initial, suivi de plus de deux lettres, signifie généralement *avec*, et se prononce comme le *p* du mot français *p*saume, c'est-à-dire qu'il se prononce sans le secours d'aucune voyelle; le خ (*chra*) *chr* (24), le ى (*ïa*) *i* (72), et le ر (*ra*) *r* (28), forment la deuxième syllabe *chrir*, خير, qui, réunie à la première, forme les deux mots et les deux syllabes *b-chrir*, بخير, avec-bien.

L'élève écrit et répète par cœur, etc.

النمس و الدجاج * سمع النمس بالّى الدجاج
مرضوا * لبس جلد طاوس و جاء يزورهم * قال
لهم السلامُ عليكم يا احبيباتى اش انتم

و اش حالكم * جاويوه الدجاج يا هذا ما
نكونوا بخير

TREIZIÈME EXERCICE.

1	17	8	20	2	3	17	28	6	29	1	a
نا		تبعّد				حين			لاّ	إ	b
ا	ن	د	عّ	ب	ت	ن	ي	ح	لاّ	ا	c
alif	*noune*	*dal*	*aïne*	*ba*	*ta, tsa*	*noune*	*ïa*	*ha*	*lame-alif*	*alif*	d
a	*n*	*d*	*ââ*	*b*	*t*	*n*	*i*	*hh*	*la*	*a*	e
4	46	25	99	11	13	46	72	23	99	8	f
			ââ						*lla*	*i*	g
		te-bââd-na					*hhine*		*illa*		h
tu-t'éloigneras-nous (de-nous)							lorsque		si-ce-n'est		i
« que lorsque tu seras loin de nous.											j

APPLICATION.

Les quatre lettres de إلاّ forment un mot de deux syllabes.

L'ا (*alif*) *i* (8) et un des deux ل (*lame*) *l* (39) que donne le ّ (*tèchdide*) (99) forment la première syllabe *il*, ال (95, 114); le second ل (*lame*) *l* (39) et l'ا (*alif*) final forment la deuxième et dernière syllabe *la*, لا (75), qui, réunie à la première, forme le mot *il-la*, إلاّ, si-ce-n'est, plus-souvent الاّ en arabe vulgaire, mais en ayant soin de prononcer l'ا (*alif*) initial comme l'indique le n° 8.

L'élève écrit et répète par cœur, etc.

النمس و الدجاج سمع النمس بلّى الدجاج
مرضوا لبس جلد طاوس و جاء يزورهم فال

لهم السلامُ عليكم يا احبيباتى اش انتم و اش
حالكم جاوبوه الدجاج يا هذا ما نكونوا
بخير الّا

Les trois caractères de حين forment un mot d'une syllabe.

Le ح (*ha*) *hh* (23), le ى (*ïa*) *i* (72, 114) et le ن (*noune*) *n* (46) forment la syllabe et le mot *hhine* (29), حين, lorsque.

L'élève écrit et répète par cœur, etc.

النهس و الدجاج سمع النمس بالّى الدجاج
مرضوا لبس جلد طاوس و جاء يزورهم فال لهم
السلامُ عليكم يا احبيباتى اش انتم و اش
حالكم جاوبوه الدجاج يا هذا ما نكونوا بخير
الّا حين

Les six caractères de تبعدنا forment deux mots de quatre syllabes : تبعّد, tu t'éloigneras, et le pronom affixe pluriel نا, nous (*pour* de-nous).

Le ت (*ta* ou *tsa*) *t*, *ts* (13, 14), lettre féminine, forme, avec le son *è* ou *eu* dont il est accompagné (78, 80, 81), la première syllabe *te*, تُ (103) (tu, pron. pers. des 2 genr.); le ب (*ba*) *b* (11) et le premier des deux ع (*aïne*) *â* (50, 99) forment la deuxième syllabe بع (تبعّ); le second ع (*aïne*) *â* (50, 99) et le د (*dal*) *d* (25) forment la troisième syllabe *âd*, عد (تبعد pour تبعّد), tu-t'éloigneras; le ن (*noune*) *n* (46) et l'ا (*alif*) *a* (4, 114) forment la quatrième et dernière syllabe *na*, نا, nous, de-nous, qui, réunie aux trois autres, forme le mot *te-ba-ad-na*, تبعّدنا, tu-t'éloigneras-nous, *pour* de-nous.

L'élève écrit et répète par cœur, etc.

النمس و الدجاج سمع النمس بلّى الدجـاج
مرضوا لبس جلد طاوس و جاء يزورهم قال لهم
السلامُ عليكم يا احبيباتى اش انتـم و اش
حالكم جاوبوه الدجاج يا هذا ما نكونوا بخيرالّا
حين تبعّدنا و مـا

QUATORZIÈME EXERCICE.

28	25	1	27	22	27	25	17		a
ـى	شـ	ا	و	فـ	و	ـشـ	نـ	و ما	b
ى	ش	ا	و	ف	و	ش	ن		c
ïa	*chine*	*alif*	*ouaou*	*fa*	*ouaou*	*chine*	*noune*		d
i	*ch*	*a*	*ou*	*f*	*ou*	*ch*	*n*		e
72	61	7	70	54	70	61	46		f
		=							g
chi				*ne-chou-fou*					h
pas				nous-verrons					i

« et que nous ne verrons

APPLICATION.

Les six caractères de نشوفوا forment un mot de trois syllabes.

La lettre féminine ن (*noune*) *n* (46, 78, 80, 81), avec le son voyelle *è* ou *eu*, dont il est accompagné, forme la première syllabe *ne*, نُ (103), je, nous.

Le ش (*chine*) *ch* (61) et le و (*ouaou*) *ou* (70, 114) forment la deuxième syllabe شو (نشو); le ف (*fa*) *f* (54) et le و (*ouaou*) *ou* (70, 114) forment la troisième et dernière syllabe *fou*, فو, qui, réunie aux deux autres, forme le mot *ne-chou-fou*, نشوفوا (7).

L'élève écrit et répète par cœur, etc.

النمس و الدجاج سمع النمس بالّى الدجاج
مرضوا لبس جلد طاوس و جاء يزورهم قال لهم
السلامُ عليكم يا حبيباتى اش انتم و اش
حالكم جاوبوه الدجاج يا هذا ما نكونوا بخير
الّا حين تبعّدنا وما نشوفوا

Les deux caractères de شى forment un mot d'une syllabe.

Le ش (*chine*) *ch* (61) et le ى (*ïa*) *i* (72) forment le mot et la syllabe *chi*, شى, pas (114).

L'élève écrit et répète par cœur, etc.

النمس و الدجاج سمع النمس بالّى الدجاج
مرضوا لبس جلد طاوس و جاء يزورهم قال لهم
السلامُ عليكم يا احبيباتى اش انتم و اش
حالكم جاوبوه الدجاج يا هذا ما نكونوا بخير
الّا حين تبعّدنا وما نشوفوا شى

QUINZIÈME EXERCICE.

14	26	5	27	10	4	14	1	a
جـهـك			و	اكـثـر				b
ك	ه	ج	و	ر	ث	ك	ا	c
kèf	*hé*	*djime*	*ouaou*	*ra*	*tsa* ou *ta*	*kèf*	*alif*	d
k	*h*	*dj*	*ou*	*r*	*ts, t*	*k*	*a*	e
33	63	19	70	28	18	33	5	f
							è	g
	oudj-hèke				*èke-tsèr*			h
	figure-tienne				davantage			i
« plus ta figure. »								j

APPLICATION.

Les quatre caractères de اكثر forment un mot de deux syllabes (114).

L'ا (l'*alif*) *è* (5) et le (*kèf*) *k* (33, 114) forment la première syllabe *èke*, اكـ pour اك ; le ث (*tsa* ou *ta*) *ts, t* (18), lettre féminine (78, 80, 81), et le ر (*ra*) *r* (28), forment la deuxième et dernière syllabe *tser*, ثر qui, réunie à la première, forme le mot *èke-tsèr*, *èke-tseur*, *èke-ter* ou *èke-teur*, اكثر, davantage.

L'élève écrit et répète par cœur, etc.

النمس والدجاج سمع النمس بلّي الدجاج
مرضوا لبس جلد طاوس وجاء يزورهم قال
لهم السلامُ عليكم يا احبيباتي اش انتم
واش حالكم جاوبوه الدجاج يا هذا ما نكونوا
بخير الّا حين تبعّدنا وما نشوفوا شي اكثر

Les quatre caractères de وجهك forment deux mots de deux syllabes : وجه, figure, et ك, tien, tienne, toi, de-toi (118).

Le و (*ouaou*) *ou* (70, 114) et le ج (*djime*) *dj* (19) forment la première syllabe *oudj*, وج (وجـ) (120) ; le ه (ﻬ) (*hè*) *h* (63), lettre féminine (78, 80, 81), et le (*kèf*) *k* (33), forment la deuxième et dernière syllabe *hèke*, هـك (ﻬك) qui, réunie à la première, forme le mot *oudj-hèke*, وجهك figure-tienne, de-toi.

L'élève écrit et répète par cœur, etc.

النمس و الدجاج سمع النمس بالّى الدجاج
مرضوا لبس جلد طاوس و جاء يزورهم قال
لهم السلامُ عليكم يا احبيباتى اش انتم
و اش حالكم جاوبوه الدجاج يا هذا ما نكونوا
بخير الّا حين تبعّدنا و ما نشوفوا شى اكثر
وجهك

SEIZIÈME EXERCICE.

10	26	13	28	17	16	26	1	17	20	16		a
يـظـهـر				مـن		ه	معـنـا				هذا،	b
ر	ﻬ	ظ	ي	ن	م	ه	ا	ن	ع	م		c
ra	*hé*	*dha*	*ïa*	*noune*	*mime*	*hé*	*alif*	*noune*	*aïne*	*mime*		d
r	*h*	*dh*	*i*	*n*	*m*	*h*	*a*	*n*	*â*	*m*		e
28	63	31	72	46	43	64	4	46	50	43		f
												g
i-dheh-hère				*mène*			*ma-na-h*					h
il-fait-paraître				celui-qui			signification-sienne					i
Cette fable regarde celui qui montre												j

APPLICATION.

Les cinq caractères de معناه forment deux mots et trois syllabes : معنا, sens, signification, et ه, sien, lui, de-lui.

Le م (*mime*) *m* (43) et l'ع (*aïne*) *â* (50, 114) forment la première syllabe *mâ*, مع (مـع) ; le ن (*noune*) *n* (46) et l'ا (l'*alif*) *a* (4, 130) forment la deuxième syllabe *na*, نا (معنا) ; le ه (*hè*) *h* (64) forme la troisième et dernière syllabe *h*, ه, qui, réunie aux deux précédentes, forme le mot *mâ-na-h*, sens, signification-sienne, de-lui. Quelques personnes prononcent, contre la règle générale, *ma-na-ou*.

L'élève écrit et répète par cœur, etc.

النمس و الدجاج سمع النمس بلّى الدجاج
مرضوا لبس جلد طاوس و جاء يزورهم قال لهم
السلامُ عليكم يا احبيباتى اش انتم واش
حالكم جاوبوه الدجاج يا هذا ما نكونوا بخير
الّا حين تبعّدنا وما نشوفوا شى اكثر وجهك
هذا معناه

Les deux caractères de من forment un mot d'une syllabe.

Le م (*mime*) *m* (43), lettre féminine (78, 80, 81), et le ن (*noune*) *n* (46), forment la syllabe *mène*, من qui ? (de).

L'élève écrit et répète par cœur, etc.

النمس و الدجاج سمع النمس بالّى الدجاج
مرضوا لبس جلد طاوس و جاء يزورهم قال لهم

السلامُ عليكم يا احبيباتى اش انتم و اش
حالكم جاوبوه الدجاج يا هذا ما نكونوا بخير
الاّ حين تبعّدنا و ما نشوفوا شى اكثر وجهك
هذا معناه من

Les quatre caractères de يظهّر forment, à cause du ـّ, un mot de trois syllabes.

Le ى (*ïa*) *i* (72) forme la première syllabe *i*, يـ (ى) il ; le ظ (*dha*) *dh* (31), lettre féminine (78, 80, 81), et le ه (*hè*) *h* (63), forment la deuxième syllabe *dhèh*, ظَهْ (94, 103) (يظه يظه) ; le ه (*hè*) *h* (63), lettre féminine donnée par le ـّ (*techdide*) (78, 80, 81, 99), et le ر (*ra*) *r* (28), forment la troisième et dernière syllabe *hèr*, هر, qui, réunie aux deux premières, forme le mot *i-dhèh-heur*, يظهّر il fait paraître.

L'élève écrit et répète par cœur, etc.

النمس و الدجاج سمع النمس بلّى الدجاج
مرضوا لبس جلد طاوس و جاء يزورهم قال لهم
السلامُ عليكم يا احبيباتى اش انتم و اش
حالكم جاوبوه الدجاج يا هذا ما نكونوا بخير
الاّ حين تبعّدنا و ما نشوفوا شى اكثر وجهك
هذا معناه من يظهّر

DIX-SEPTIÈME EXERCICE.

28	22	26	2•	6	16	15	1	a
ـى	فـ	ـة	ـبّـ	ـحـ	ـمـ	لـ	ا	b
ى	ف	ة	بّ	ح	م	ل	ا	c
ïa	*fa*	*hé*	*ba*	*ha*	*mime*	*lame*	*alif*	d
i	*f*	*h*	*b*	*hh*	*m*	*l*	*a*	e
72	54	65	99	23	43	41	5	f
		a	*bb*				*è*	g
	fi		*èl-meu-hheub-ba*					h
	dans (sur)			l'-amitié				i
une amitié feinte								j

APPLICATION.

Les six caractères de المحبّة forment deux mots de quatre syllabes : l'article inséparable ال (*èle*), le, la, les (5, 41), et le substantif محبّة (*meu-hheub-ba*), amitié.

L'ا (*alif*) *è* (5, 123) et le ل (*lame*) *l* (41) forment le premier mot et la première syllabe *èle*, ال le, la, les ; le م (*mime*) *m* (43), lettre féminine (78, 80, 81), forme, avec le son voyelle *è* ou *eu*, la première syllabe du deuxième mot *meu*, مُ (103) (الـمـ) ; le ح (*ha*) *hh* (23), lettre féminine (78, 80, 81), forme, avec le son-voyelle *è* ou *eu* et le ب (*ba*) *b* (11), la troisième syllabe *hheub*, حـب (*èl-meu-hheub*, الـمـحـب) ; le second ب (*ba*) *b* (11), lettre masculine obtenue par le moyen du ّ (78, 79, 99), et le ة (*hé* fém.) *a* (65), forment la quatrième et dernière syllabe *ba*, بـة (*èl-meu-hheub-ba*, الـمـحـبّـة), l'amitié.

L'élève écrit et répète.

النمس و الدجاج سمع النمس بلّى الدجاج
مرضوا لبس جلد طاوس و جاء يزورهم قال لهم
السلامُ عليكم يا احبيباتى اش انتم و اش
حالكم جاوبوه الدجاج يا هذا ما نكونوا بخير
الّا حين تبعّدنا و ما نشوفوا شى اكثر وجهك.
هذا معناه من يظهّر المحبة

Les deux caractères de فى forment un mot d'une syllabe.

Le ف (*fa*) *f* (54) et le ى (*ïa*) *i* (72) forment la syllabe *fi*, فى, dans, sur.

L'élève écrit et répète par cœur, etc.

النمس و الدجاج سمع النمس بالّى الدجاج
مرضوا لبس جلد طاوس و جاء يزورهم قال
لهم السلامُ عليكم يا احبيباتى اش انتم
واش حالكم جاوبوه الدجاج يا هذا ما نكونوا
بخير الّا حين تبعّدنا و ما نشوفوا شى اكثر
وجهك هذا معناه من يظهّر المحبة فى

DIX-HUITIÈME EXERCICE.

26	8	17	20		26	5	27	15	1	a
ه	ـد	ـنـ	عـ	و	ـه	ـجـ	ـو	ـلـ	ا	b
ه	د	ن	ع		ه	ج	و	ل	ا	c
hé	*dal*	*noune*	*aïne*		*hé*	*djime*	*ouaou*	*lame*	*alif*	d
h	*d*	*n*	*â*		*h*	*dj*	*ou*	*l*	*a*	e
64	25	46	50		63	19	70	41	5	f
ou									*è*	g
	ân-dou						*èl-oudjh*			h
	a (chez-lui)						la-figure			i
et qui porte										j

APPLICATION.

Les cinq caractères de الوجه forment deux mots de trois syllabes : l'article inséparable ال (*èle*), le, la, les (5, 41), et le substantif وجه (*oudjh*), figure (v. plus haut).

L'élève écrit et répète par cœur, etc.

النمس و الدجاج سمع النمس بلّى الدجاج
مرضوا لبس جلد طاوس و جاء يزورهم. فال
لهم السلامُ عليكم يا احبيباتى اش انتم واش
حالكم جاوبوه الدجاج يا هذا ما نكونوا بخير
الّا حين تبعّدنا و ما نشوفوا شى اكثر وجهك
هذا معناه من يظهّر المحبّة ڢي الوجه

Les quatre caractères de عنده forment deux mots de deux syllabes (118) : la préposition عند et le pronom personnel affixe ه.

L'ع (l'*aïne*) *â* (50) et le ن (*noune*) *n* (46) forment la première syllabe *âne*, عن (عـْن) (120); le د (*dal*) *d* (25) et le ه (*hè*) *ou* (64) forment la deuxième syllabe, *âne-dou*, عنده, il a (chez-lui).

L'élève écrit et répète par cœur, etc.

النمس و الدجاج سمع النمس بالّى الدجاج
مرضوا لبس جلد طاوس و جاء يزورهم قال
لهم السلامُ عليكم يا احبيباتى اش انتم
واش حالكم جاوبوه الدجاج يا هذا ما نكونوا
بخير الّا حين تبعّدنا و ما نشوفوا شى اكثر
وجهك هذا معناه من يظهّر المحبّة في
الوجه و عنده

DIX-NEUVIÈME EXERCICE.

2	15	23	15	1		15	21	8	15	1	a
ـب	ـلـ	ـقـ	لـ	ا	فى	ـل	ـغـ	ـد	لـ	ا	b
ب	ل	ق	ل	ا		ل	غ	د	ل	ا	c
ba	*lame*	*quaf*	*lame*	*alif*		*lame*	*rhaïne*	*dal*	*lame*	*alif*	d
b	*l*	*q*	*l*	*a*		*l*	*rh*	*d*	*l*	*a*	e
11	39	57	41	5		39	53	25	40	5	f
				è					*d*	*è*	g
		èle-quèlbe						*ède-deurhl*			h
		le-cœur						la-haine			i

la haine dans son cœur.

APPLICATION.

Les cinq caractères de الدغل forment deux mots de deux syllabes : l'article inséparable ال et le substantif دغل.

L'ا (l'*alif*) *è* (5, 123) et le ل (*lame*) *d* (40) forment le premier mot et la première syllabe *ède*, ال le, la, les ; le د (*dal*) *d* (25, 78, 79), quoique du genre masculin, sera suivi de *è* ou *eu*, son appartenant aux lettres féminines (78, 80, 81), toutes les fois que la lettre masculine, quelle qu'elle soit, sera suivie de deux lettres féminines (83) ; le غ (*rhaïne*) *rh* (53) et le ل (*lame*) *l* (39) forment le mot et la syllabe *deurhl*, دغل haine (115, 117) ; *ède-deurhl*, الدغل la-haine.

L'élève écrit et répète par cœur, etc.

النمس و الدجاج سمع النمس بلّى الدجاج
مرضوا لبس جلد طاوس و جاء يزورهم قال لهم
السلامُ عليكم يا احبيباتي اش انتم و اش
حالكم جاوبوه الدجاج يا هذا ما نكونوا
بخير الّا حين تبعّدنا و ما نشوفوا شي اكثر
وجهك هذا معناه من يظهّر المحبّة في
الوجه و عنده الدغل في

Les cinq caractères de القلب forment deux mots de deux syllabes : l'article indéclinable et inséparable ال et le substantif قلب.

L'ا (l'*alif*) *è* (4, 123) et le ل (*lame*) *l* (40) forment la première syllabe *èle*, ال le, la, les ; le ق (*quaf*) *q* (57), lettre féminine (78, 80, 81) avec le son *è* ou *eu*, dont il est accompagné (115, 117), le ل (*lame*) *l* (39) et le ب (*ba*) *b* (11) forment le mot et la syllabe *quèlbe* ou *queulbe*, فلب, cœur, qui, réunie à la première, forme les deux mots et les deux syllabes *èle-quèlbe*, الفلب, le-cœur.

L'élève peut maintenant écrire cette fable sous la dictée; il peut même l'écrire et la réciter par cœur ; il doit s'exercer sans cesse à la traduction du mot à mot arabe en mot à mot français, du mot à mot français en mot à mot arabe, du français en arabe et de l'arabe en français; l'élève doit se familiariser le plus possible avec les règles de la prononciation.

النمس و الدجاج ❋

سمع النمس بالّى الدجاج مرضوا ❋ لبس جلد طاوس و جاء يزورهم ❋ فال لهم السلام عليكم يا احبيباتى اش انتم و اش حالكم ❋ جاوبوه الدجاج يا هذا ما نكونوا بخير الّا حين تبعّدنا و ما نشوفوا شى اكثر وجهك ❋

هذا معناه

من يظهر المحبّة في الوجه و عنده الدغل في الفلب ❋

TRADUCTION FRANÇAISE.

LE FURET ET LES POULES.

Le furet, ayant appris que les poules étaient malades, se revêtit d'une peau de paon et alla les visiter. « Je vous salue, ô « mes amies! leur dit-il; comment vous portez-vous et com« ment va votre santé? » Celles-ci lui répondirent : « Nous ne « nous porterons bien que lorsque tu seras loin de nous et que « nous ne verrons plus ta figure. »

Morale.

Cette fable représente celui qui montre une amitié feinte et qui porte la haine dans son cœur.

129. VINGTIÈME EXERCICE.

												(1)
ة	ـرّ	مـ	ـد	ـلـ	و		ـد	ـلـ	ـو	لـ	ا	a
a	*rr*	*m*	*d*	*l*	*ou*		*d*	*l*	*ou*	*l*	*a*	b
65	28	43	25	39	70		25	39	70	41	5	c
											è	d
	99	81	115	81	123	107	115	81	123		123	e
	mèr-ra			*ou-lède*				*èle-ou-lède*				f
	une-fois			enfant				l'enfant				g

L'enfant. Un enfant, qui ne savait pas nager, s'étant un jour h

(1) **a** Texte arabe.
b Valeur des lettres arabes en lettres françaises, 4e colonne du Tableau alphabétique.
c Numéros indiquant les règles générales de la prononciation.
d Lettres provenant des exceptions données par les numéros indiquant les règles générales de la prononciation (*c*).
e Numéros indiquant les exceptions aux règles générales (*c*).
f 1° Replacer les lettres françaises de la ligne *c* suivant la position française, en ayant soin de remplacer les lettres de la ligne *b* par les lettres provenant des exceptions aux règles générales de la prononciation (*d*); 2° division syllabique; 3° prononciation figurée du texte arabe.
g Mot à mot.
h Traduction française.

L'élève écrit et répète par cœur, etc.

الولد ولد مرّة

VINGT ET UNIÈME EXERCICE.

د	ا	و	ڢي	ـه	حـ	و	ر	ـى	مـ	ر	a
d	*a*	*ou*		*h*	*hh*	*ou*	*r*	*a*	*m*	*r*	b
25	4	70		64	23	70	28	72	43	28	c
				ou							d
115	123	123					118			81	e
	ouade				*rouh-hou*				*rema*		f
	rivière				lui-même				jeta		g

jeté dans un fleuve, h

L'élève écrit et répète par cœur, etc.

الولد ✻ ولد مرّة رمى روحه ڢي واد

VINGT-DEUXIÈME EXERCICE.

شى	ـڢ	ر	ـعـ	يـ	ما	ـو	هـ	و	a
	f	*r*	*á*	*i*		*ou*	*h*		b
	54	28	50	72		71	63		c
						oua			d
		117							e
		i-â-ȓeuf				*houa*			f
		il-sait				lui			g

(La phrase *qui ne savait pas nager* se trouve plus haut.) h

L'élève écrit et répète par cœur, etc.

الولد ولد مرّة رمى روحه ڢي واد و هو ما
يعرف شى

VINGT-TROISIÈME EXERCICE.

مـا شـى	كـا ن	يـعـو م	a
i ch a m	*n a k*	*m ou á i*	b
72 61 4 43	46 4 33	43 72 52 72	c
		eu	d
118	115	114	e
ma-chi	*kane*	*i-eu-oume*	f
allant	il-était	il-nage	g
allait			h

L'élève écrit et répète par cœur, etc.

الولد ولد مرّة رمى روحه ڢي واد وهو ما يعرف
شى يعوم كان ماشى

VINGT-QUATRIÈME EXERCICE.

ر جـل	شـا ڢ	حـيـن	يـغـر ق	a
l dj r	*f a ch*		*q r rh i*	b
39 19 28	54 4 61		57 28 53 72	c
			ieu	d
20 81	114		117	e
reu-djèl	*chaf*		*ieu-rheuque*	f
homme	il-a-vu		il-se-noie	g
se noyer, lorsqu'il aperçut un homme				h

L'élève écrit et répète par cœur, etc.

الولد ولد مرّة رمى روحه ڢي واد وهو ما يعرف
شى يعوم كان ماشى يغرق حين شاف رجل

VINGT-CINQUIÈME EXERCICE.

❀ الطريق	ڤي	جايز	a
q i r th l a		*z i a dj*	b
57 72 28 30 40 5		29 72 4 19	c
th è			d
123		118	e
èth-thrique		*djaiz*	f
la-route		passant	g
qui passait sur la route.			h

L'élève écrit et répète par cœur, etc.

الولد ولد مرّة رمى روحه ڤي واد وهو ما يعرف
شي يعوم كان ماشي يغرق حين شاف رجل
جايز ڤي الطريق

VINGT-SIXIÈME EXERCICE.

يسلّكه	باش	له	زقى	a
ou k ll s i	*ch a b*	*ou l*	*a g z*	b
64 33 39 60 72	61 4 11	64 39	72 58 29	c
				d
99		42	123	e
i-sel-leu-kou	*bache*	*lou*	*zegua*	f
il-sauve-lui	pour	à-lui	il-a-crié	g
Il l'appela à son secours.				h

L'élève écrit et répète par cœur, etc.

الوَلد ولد مرّة رمى روحه ڤي واد وهو ما يعرف

شى يعوم كان ماشى يغرڧ حين شاڢ رجل
جايز ڢى الطريڧ زڧى له باش يسلّكه

VINGT-SEPTIÈME EXERCICE.

بـدا	الـرجـل و	جـاءه	a
a d b	*l dj r l a*	*h a dj*	b
4 25 11	39 19 28 40 5	64 4 19	c
	r è		d
115		101	e
bda	*èr-reudjèl*	*dja-h*	f
il-a-commencé	l'homme	est-venu-lui	g
Celui-ci s'approcha de lui et se mit			h

L'élève écrit et répète par cœur, etc.

الولد ❋ ولد مرّة رمى روحه ڢى واد و هو ما
يعرڢ شى يعوم كان ماشى يغرڧ حين
شاڢ رجل جايز ڢى الطريڢ ❋ زڧى له
باش يسلّكه ❋ جاءه الرجل و بدا

VINGT-HUITIÈME EXERCICE.

هـبـوطـه	عـلـى	يـلـومـه	a
h th ou b h	*a l á*	*h m ou l i*	b
64 30 70 11 63	72 39 59	64 43 70 39 72	c
ou		*ou*	d
81		123	e
heu-bou-thou	*á-la*	*i-lou-mou*	f
descente-lui (de-lui	sur	il–blâme-lui	g
à lui reprocher sa descente			h

L'élève écrit et répète par cœur, etc.

الولد ولد مرّة رمى روحه ڢي واد و هو ما يعرڢ
شي يعوم كان ماشي يغرڢ حين شاڢ رجل
جايز ڢي الطريڢ زڧى له باش يسلّكه جاءه
الرجل و بدا يلومه على هبوطه

VINGT-NEUVIÈME EXERCICE.

له	فال	د	ا	و	ل	ا	ڢي	
		d	*a*	*ou*	*l*	*a*		b
		25	4	70	39	5		c
						è		d
	107	123	123	123		123		e
			èl-ou-ade					f
			la-rivière					g
dans le fleuve. (L'enfant) lui dit :								h

L'élève écrit et répète par cœur, etc.

الولد ولد مرّة رمى روحه ڢي واد و هو ما يعرڢ
شي يعوم كان ماشي يغرڢ حين شاڢ
رجل جايز ڢي الطريڢ زڧى له باش يسلّكه
جاءه الرجل و بدا يلومه على هبوطه ڢي
الواد ڧال له

TRENTIÈME EXERCICE.

الـــولـــد يـــا بـــا بـــا a

a b a b b

4 11 4 11 c

d

118 e

ba-ba f

(mon) père g

« O mon père, h

L'élève écrit et répète par cœur, etc.

الولد ولد مرّة رمى روحه في واد و هو ما يعرف
شي يعوم كان ماشي يغرق حين شاف رجل
جايز في الطريق زقى له باش يسلّكه جاءه
الرجل و بدا يلومه على هبوطه في الواد قال له
الولد يا بابا

TRENTE ET UNIÈME EXERCICE.

نـجّـيـنـي قـبـل من ا لـمـوت a

t ou m l a *l b q* *i n i dj n* b

13 70 43 39 5 39 11 57 72 46 72 19 46 c

è d

14 81 99 e

èl-moute *que-bèl* *nedj-dji-ni* f

la-mort avant sauve-moi g

« sauve-moi d'abord de la mort, h

5.

L'élève écrit et répète par cœur, etc.

الولد ولد مرّة رمى روحه في واد و هو ما
يعرف شي يعوم كان ماشي يغرق حين شاف
رجل جايز في الطريق زقى له باش يسلّكه
جاءه الرجل و بدا يلومه على هبوطه في الواد
قال له الولد يا بابا نجّيني قبل من الموت

TRENTE-DEUXIÈME EXERCICE.

معناه	هذا	لُمني	بعد	و	a
		i n m l	*d á b*		b
		72 46 43 39	25 50 11		c
					d
107	107	96	115		e
		loum-ni	*bâde*		f
		blâme-moi	après		g
« ensuite tu me feras des reproches. » Morale.					h

L'élève écrit et répète par cœur, etc.

الولد ولد مرّة رمى روحه في واد و هو ما
يعرف شي يعوم كان ماشي يغرق حين شاف
رجل جايز في الطريق زقى له باش يسلّكه

جاءه الرجل و بدا يلومه غلى هبوطه ڢي الواد
ڧال له الولد يا بابا نجّينى ڧبل من الموت
و بعد لُمنى هذا معناه

TRENTE-TROISIÈME EXERCICE.

شـدّ ة	ڢي	صـاحـبـك	إ ذ ا	a
a d ch		*k b h a ss*	*a d a*	b
65 25 61		33 11 23 4 48	4 26 8	c
			i	d
99 81		120	95	e
chèd-da		*ssahh-bèke*	*i-da*	f
malheur (un)		ton-ami	si	g
Si ton ami se trouve dans le malheur,				h

L'élève écrit et répète par cœur, etc.

الولد ولد مرّة رمى روحه ڢي واد و هو ما
يعرف شي يعوم كان ماشي يغرق حين شاف
رجل جايز ڢي الطريڧ زڧى له باش يسلّكه
جاءه الرجل و بدا يلومه على هبوطه ڢي الواد
ڧال له الولد يا بابا نجّينى ڧبل من الموت
و بعد لُمنى هذا معناه اذا صاحبك ڢي شدّة

TRENTE-QUATRIÈME EXERCICE.

a	سلّكه	ڧبل و بعد	لمه ❊
b	*h k l s*		*h m l*
c	64 33 39 60		64 43 39
d	*ou*		*ou*
e	99 81		107 120
f	*sèl-leu-kou*		*lou-mou*
g	sauve-le (lui)		blâme-le
h	tu dois l'en tirer avant de lui faire des reproches.		

L'élève peut maintenant écrire cette deuxième fable sous la dictée, comme il a écrit la première ; il peut même l'écrire et la réciter par cœur; il doit s'exercer sans cesse à la traduction de l'arabe en mot à mot, du mot à mot français en mot à mot arabe, du français en arabe et de l'arabe en français; l'élève doit se familiariser le plus possible avec les règles de la prononciation.

الولد

ولد مرّة رمى روحه ڢي واد وهوما يعرڢ شي
يعوم كان ماشي يغرڧ حين شاڢ رجل جايز
ڢي الطريڧ ❊ زڧى له باش يسلّكه ❊ جاءه الرجل
و بدا يلومه على هبوطه ڢي الواد ❊ ڧال له الولد
يا بابا نجّيني ڧبل من الموت و بعد لمني ❊

هذا معناه ❊

اذا صاحبك ڢي شدّة سلّكه ڧبل و بعد لمه ❊

TRADUCTION FRANÇAISE.

L'ENFANT.

Un enfant, qui ne savait pas nager, s'étant un jour jeté dans un fleuve, allait se noyer, lorsqu'il aperçut un homme qui passait sur la route. Il l'appela à son secours. Celui-ci s'approcha de lui et se mit à lui reprocher sa descente dans le fleuve. L'enfant lui dit : « O mon père, sauve-moi d'abord de la mort, en- « suite tu me feras des reproches. »

Morale.

Si ton ami se trouve dans le malheur, tu dois l'en tirer avant de lui faire des reproches.

TRENTE-CINQUIÈME EXERCICE.

130. النملة *ène-nemme-la*, la-fourmi, 5, 123, 40, 46, 78, 80, 81, 118, 39, 65. — و. — الحمامة *èl-hheu-ma-ma*, la colombe, 5, 123, 39, 40, 23, 78, 80, 81, 114, 4, 65, 107.

Questionnaire. Pourquoi l'ا de النملة se prononce-t-il *è* ? R. 5, etc. Que dit la règle du n° 123 (1)?

النملة و الحمامة

LA FOURMI ET LA COLOMBE.

نملة. — عطشت *ath-chète*, eut soif, 118, 50, 61, 16. — و. — هبطت *heub-thète*, descendit, 118, 63, 11, 30, 16. — لواحد *loua-hhède*, à-une, pour-une, 42, 70, 72, 23, 81, 25. — العين *èl-â-ïne*, la-fontaine, 5, 39, 41, 50, 72, 46. — باش. — تشرب *te-chrob*, elle-boira, 16, 115, 117.

---

(1) Le professeur doit faire autant de questions qu'il y a de lettres ou de numéros appartenant à chaque mot.

Une fourmi, qui avait soif, étant descendue dans une fontaine,

Questionnaire. Combien le mot عطشت a-t-il de syllabes? 118, etc.

L'élève écrit et répète par cœur, etc.

النملة و الحمامة نملة عطشت و هبطت
لواحد العين باش تشرب

طاحت *tha-hhète*, tomba, 118, 123, 81, 16.— في. — الماء (*èl-ma*), l'eau, 5, 40, 100.— و.— كانت (*ka-nète*), était, 114, 4, 123, 46, 81, 16.— ماشية (*ma-chi-a*), allant, 114, 4, 72, 65. — تغرق (*teu-rhroq*), elle-se-noiera, 16, 115, 117, 107.
tomba dans l'eau et allait périr.

Questionnaire. Quelle est la prononciation du ت (*ta* ou *tsa*) de طاحت? — 16, etc., etc.

L'élève écrit et répète par cœur, etc.

النملة و الحمامة ❊ نملة عطشت و هبطت لواحد
العين باش تشرب طاحت في الماء و كانت
ماشية تغرق ❊

شافتها (*cha-fète-ha*), elle-vit-elle, 61, 4, 114, 54, 55, 81, 16, 118, 63, 114, 4. — حمامة.
Une colombe, qui la vit,

Questionnaire. Combien le mot شافتها contient-il de syllabes? — Quelle est la prononciation du ش? R. 61, etc., etc.

L'élève écrit et répète par cœur, etc.

النملة و الحمامة نملة عطشت و هبطت لواحد

العين باش تشرب طاحت في الماء وكانـــت
ماشية تـغرق شافتها حمامة

كسّرت (*kes-se-rète*), elle-cassa, 33, 34, 79, 99, 81, 16. — عريّف (*â-rïaf*), (une) petite branche, 50, 28, 74, 54. — من. — شجرة (*chèdj-ra*), arbre, 61, 65, 118.

cassa aussitôt une petite branche

Questionnaire. Quelle est la prononciation du ك? R. 33, etc., etc.

L'élève écrit et répète par cœur, etc.

النملة والحمامة نملة عطشت وهبطت لواحد
العين باش تشرب طاحت في الماء وكانت
ماشية تغرق شافتها حمامة كسّرت عريّف
من شجرة

رمته (*rma-tou*), elle-jeta-lui, 118, 114, 94, 13, 14, 64. — و. — لها (*li-ha*), à-elle, 39, 42, 63, 4.

et la lui jeta :

Questionnaire. Combien y a-t-il de syllabes dans le mot رمته? R. 118, 114, etc., etc.

L'élève écrit et répète par cœur, etc.

النملة والحمامة نملة عطشت وهبطت لواحد
العين باش تشرب طاحت في المـــاء وكانـت
ماشية تـغرق شافتها حمامة كسّرت عـريّـــف
من شجرة و رمته لها

تشبّطت (*te-chèb-blèle*), elle grimpa, 16, 61, 78, 80, 81, 11, 99, 30, 81, 16. — فيه (*fi-h*), dans, sur-lui, 54, 72, 64. — النملة. — و. — سلّكت (*sèl-lkète*), se-sauva, 60, 81, 39, 99, 33, 16, 107. la fourmi s'y posa et parvint à se sauver.

Questionnaire. Quelle est la prononciation du ت? R. 16, etc., etc.

L'élève écrit et répète par cœur, etc.

النملة و الحمامة نملة عطشت و هبطة لواحد العين باش تشرب طاحت في الماء و كانت ماشية تغرق شافتها حمامة كسّرت عريّــو من شجرة و رمته لها تشبّطت فيه النــمــلة و سلّكت ❋

جاء. — صيّاد (*si-ïade*), (un) chasseur, 48, 74, 99, 25. — فيّ. — هذيك (*hè-dike*), cette, 63, 78, 80, 81, 118, 72, 33. — الساعة (*ès-saâ*), l'-heure, 5, 40, 114, 118. Le ة féminin devient nul par les deux sons-voyelles qui le précèdent. — عيّن (*â-ïane*), mira, visa, désigna, 50, 74, 46. — الحمامة. — و. — حبّ (*hheubbe*), a-voulu, a-aimé, 23, 78, 80, 81, 84, 99. — يقتلها (*i-queu-tsèl-ha, iqueu-tel-ha*), il-tuera-elle, 72, 57, 81, 13, 14, 63, 4, 107.

Sur ces entrefaites parut un chasseur qui coucha en joue la colombe, et il allait la frapper,

Questionnaire. Quelle est la prononciation du ص? — R. 48, etc., etc.

L'élève écrit et répète par cœur, etc.

النملة والحمامة نملة عطشت وهبطت لواحد

العين باش تشرب طاحت في الماء و كانت
ماشية تغرق شافتها حمامة كسّرت عرّيق
من شجرة و رمَته لها تشبّطت فيه النملة
و سلّكت جاء صيّاد في هذيك الساعة
عيّن الحمامة و حبّ يقتلها ❋

شافته (*cha-fèt-ou, cha-fètou*), elle-vit-lui, 61, 4, 54, 81, 16, 64. — النملة. — و. — فرصته (*queur-sè-tou*), pinça-lui, 57, 81, 48, 81, 16, 64. — من. — رجله (*redj-lou*), pied-sien, de-lui, 28, 78, 80, 81, 117, 39, 64, 107.

lorsque la fourmi le vit et vint le mordre au pied.

Questionnaire. Quelle est la prononciation du ش ? — R. 61, etc., etc.

L'élève écrit et répète par cœur, etc.

النملة و الحمامة نملة عطشت و هبطت لواحد
العين باش تشرب طاحت في الماء و كانت
ماشية تغرق شافتها حمامة كسّرت عرّيق
من شجرة و رمَته لها تشبّطت فيه النملة
و سلّكت جاء صيّاد في هذيك الساعة عيّن
الحمامة و حبّ يقتلها شافته النملة و فرصته
من رجله ❋

ضرّه (*dheur-rou*), a-nui-lui, 49, 28, 99, 84, 64. — الحال.

—و. — رعى. — الصيّـاد. — المكحلة (*èle-mèk-hheu-la*), le-fusil, 5, 81, 33, 81, 39, 65. — من. — يدّه et يـده (*iè-dou*, *ièd-dou*) (le ى a presque le son alphabétique), main-sienne, de-lui, 72, 25, 99, 64, 107.

A la douleur qu'il ressentit, il jeta son fusil par terre;

Questionnaire. Quelle est la prononciation du ض? R. 49, etc., etc.

L'élève écrit et répète par cœur, etc.

النملة و الحمامة نملة عطشت و هبطت لواحد
العين باش تشرب طاحت ڥى الماء و كانت
ماشية تغرق شافتها حمامة كسّرت عـريّـو
من شجرة و رمته لها تشبّطت ڥيه النملـة
و سلّكت جاء صيّاد ڥى هذيك الساعة عيّن
الحمامة و حبّ يقتلها شافته النملة و ڥرصته
من رجله ضرّه الحال و رمى الصيّاد المكحلة
من يدّه ❈

ڥطنت (*fethè-nète*), a-remarqué, s'est-aperçu, 54, 30, 117, 46, 81, 16. — بـه (*bou*), avec-lui, à, lui, etc., 64. — الحمامة. —و. — طارت (*tha-rète*), s'envola, 30, 4, 28, 81, 16, 107.

la colombe l'aperçut et s'envola.

Questionnaire. Quelle est la prononciation du ڥ? R. 54, etc., etc.

L'élève écrit et répète par cœur, etc.

النملة و الحمامة نملة عطشت و هبطت لواحد

العين باش تشرب طاحت ڥى الماء وكانت
ماشية تغرق شاڥتها حمامة كسّرت عربّو
من شجرة و رمّته لها تشبّطت ڥية النملة
وسلّكت جاء صيّاد ڥى هذيك الساعة
عيّن الحمامة وحبّ يفتلها شاڥته النملة
و ڥرصته من رجله ضرّه الحال و رمى الصيّاد
المكحلة من يدّه وطنت به الحمامة و طارت ❊

هذا. — معناه. — لازم (*la-zème*), nécessaire, 75, 118, 114, 29, 81, 43. — بن (*bène*), fils, 11, 46.— ادم (*a-dème*), Adam, 4, 25, 43. — عمره (*âme-rou*), vie-sienne, de-lui, 118, 50, 120, 64. — ما. — ينسا (*iène-sa*), il-oubliera, 72, 46, 118, 60, 4. — الخير (*èle-chrire*), le-bien, 5, 39, 41, 24, 72, 28. — شي. — الّي (*èle-li*), que, lequel, laquelle, etc., 5, 39, 99, 72. — يواسى (*i-oua-si*), il-fera, 72, 70, 4, 60, 72. — ڥيه. — حبيبه (*hheu-bi-bou*), ami-sien, de-lui, de-soi, 23, 78, 80, 81, 11, 72, 11, 64, 107.

Morale. L'homme ne doit jamais oublier le bien que son ami lui a fait.

Questionnaire. Quelle est la prononciation du لا ? — R. 75, etc., etc.

L'élève peut encore écrire cette troisième fable sous la dictée, comme il a écrit les deux premières; il peut même les écrire et les répéter toutes trois par cœur; il doit s'exercer sans cesse à la traduction de l'arabe en mot à mot français, du mot à mot français en mot à mot arabe, du français en arabe et de l'arabe en français; l'élève doit se familiariser le plus possible avec les règles de la prononciation. Je l'engage fortement à relire très-souvent le texte arabe de ces trois fables, sans s'occuper de traduction, afin d'obtenir une lecture prompte, une élocution nette, élégante.

النملة و الحمامة

نملة عطشت وهبطت لواحد العين باش
تشرب طاحت في الماء وكانت ماشية تغرق ❋
شافتها حمامة كسّرت عريّق من شجرة و رمته
لها تشبّطت فيه النملة و سلكت ❋ جاء صيّاد
في هذيك الساعة عيّن الحمامة وحبّ يقتلها ❋
شافته النملة و قرصته من رجله ❋ ضرّه الحال
و رمى الصيّاد المكحلة من يدّه ❋ فطنت به
الحمامة و طارت ❋

هذا معناه

لازم بن ادم عمره ما ينسا شي الخير الّى
يواسي فيه حبيبه ❋

TRADUCTION FRANÇAISE.

LA FOURMI ET LA COLOMBE.

Une fourmi, qui avait soif, étant descendue dans une fontaine, tomba dans l'eau et allait périr. Une colombe, qui la vit, cassa aussitôt une petite branche et la lui jeta : la fourmi s'y posa et parvint à se sauver. Sur ces entrefaites parut un chasseur qui coucha en joue la colombe, et il allait la frapper, lorsque la fourmi le vit et vint le mordre au pied. A la douleur qu'il ressentit, il jeta son fusil par terre ; la colombe l'aperçut alors et s'envola.

Morale.

L'homme ne doit jamais oublier le bien que son ami lui a fait.

TRENTE-SIXIÈME EXERCICE.

LECTURE D'UN TEXTE D'ARABE LITTÉRAL (PONCTUÉ).

(Voir le n° **58**.)

اَلنِّمْسُ وَ ٱلدَّجَاجُ

ède-da-dja-djou oua ene-nime-sou

بَلَغَ ٱلنِّمْسَ أَنَّ ٱلدَّجَاجَ مَرْضَى

mar-dha ède-da-dja-dja an-na ène-nime-sa ba-la-rha

فَقَامَ ٱلنِّمْسُ فَلَبِسَ جِلْدَ طَاوُسٍ

tha-ou-sine djil-da fa-la-bi-sa ène-nime-sou fa-qua-ma

وَ أَتَى يَزُورُهُنَّ فَقَالَ لَهُنَّ

la-houn-na fa-qua-la ia-zou-rou-houne-na a-ta oua

اَلسَّلَامُ عَلَيْكُنَّ أَيُّهَا ٱلدَّجَاجُ

ède-da-dja-djou aï-ou-ha â-la-i-koun-na èse-sa-la-mou

كَيْفَ أَنْتُنَّ وَكَيْفَ حَالُكُنَّ فَقَالَ

fa-qua-la hha-lou-koune-na kaï-fa oua ène-toune-na kaï-fa

لَهُ ٱلدَّجَاجُ مَا نَحْنُ إِلَّا بِخَيْرٍ

bi-chraï-rine il-la nahh-nou ma ède-da-dja-djou la-hou

يَوْمٌ لَا نَرَى وَجْهَكَ

ouadj-ha-ka na-ra la ia-ou-ma

هَذَا مَعْنَاهُ

ma-na-hou ha-dza

مَنْ يُظْهِرُ ٱلْمَحَبَّةَ مُرَآءَةً وَفِى

fi oua mou-ra-a-tane èl-ma-hhab-ba-ta ioudh-hi-rou mane

قَلْبِهِ ٱلدَّغَلُ

ède-da-rha-lou qual-bi-hi

TABLE DES MATIÈRES.

PREMIÈRE PARTIE.

DES POINTS-VOYELLES.

DES SIGNES ORTHOGRAPHIQUES.

DE LA LECTURE.

DES SYLLABES.

DE L'ÉCRITURE.

PERMUTATION DES LETTRES ا, و, ي.

DEUXIÈME PARTIE.

EXERCICES DE LECTURE.

www.ingramcontent.com/pod-product-compliance
Ingram Content Group UK Ltd.
Pitfield, Milton Keynes, MK11 3LW, UK
UKHW022121190726
13855UKWH00003B/1000

9 782013 072823